Meine dunklen Begleiter und ihre seltsamen Geschichten

Henry M. Stanley

Writat

Diese Ausgabe erschien im Jahr 2024

ISBN: 9789359948683

Herausgegeben von
Writat
E-Mail: info@writat.com

Inhalt

Vorwort.

Der abendliche Brauch, sich um das Lagerfeuer zu versammeln und einander mit Geschichten zu unterhalten, begann im Jahr 1875, nachdem Sabadu, ein Page von König Mtesa, seine Zuhörer mit der Legende vom „untadeligen Priester" in Erstaunen versetzt hatte.

Unser Kreis stand allen offen und war oft gut besucht; denn als man sah, dass die versierteren Erzähler angemessen belohnt wurden und es viel Unterhaltung gab, konnten nur wenige der Versuchung widerstehen, näher zu kommen und zuzuhören, es sei denn, Müdigkeit oder Krankheit hinderten sie daran.

Viele der erzählten Geschichten waren natürlich wenig wert, da sie weder neuartig noch originell waren. In vielen Fällen, insbesondere wenn die Sansibaris die Erzähler waren, waren die Geschichten lediglich Importe aus Asien. Andere wiederum waren nur Masken für niedere Neigungen. Ich musste daher oft eine lange Geschichte aussitzen, die keinen einzigen Sinn hatte.

Doch wann immer ein echter Ureinwohner aus dem Landesinneren sich daran machte, eine Geschichte aus alten Zeiten zu erzählen, konnten wir sicher sein, dass wir etwas Neues und Bemerkenswertes zu hören bekamen; die Sprache wurde eigenartiger und fast jede Geschichte hatte eine klare Moral.

Die folgenden Legenden sind die erlesensten und merkwürdigsten von denen, die mir im Laufe von siebzehn Jahren erzählt wurden und die bisher in keinem meiner Reisebücher veröffentlicht wurden. So gewissenhaft ich auch versucht habe, den unbedarften Erzählern zu folgen, ist es mir unmöglich, die Einfachheit des Stils wiederzugeben, mit dem sie erzählt wurden, oder die Handlung zu beschreiben, die sie begleitete. Ich orientiere mich an dem afrikanischen Eingeborenen. Er erzählte sie mit der Absicht, seinem einheimischen Publikum zu gefallen, nachdem er viel darum gebeten hatte. Er war nicht an die Kunst des öffentlichen Redens gewöhnt und dachte nie daran, dass er sich dadurch der Kritik aussetzte. Er war auch schüchtern und etwas träge oder vielleicht müde und hörte lieber anderen zu, als selbst zu sprechen, aber obwohl er heftig protestierte, dass sein Gedächtnis mangelhaft sei und er sich an nichts erinnern könne, gab er schließlich um des Friedens und der Kameradschaft willen nach. Da diese wenigen, nunmehr zu veröffentlichenden Texte nicht ganz ohne einen gewissen Wert als Beispiele zentralafrikanischer Überlieferungen und mündlicher Literatur sind, hielt ich es für das Beste, mich lediglich als Übersetzer zu betrachten und sie in einer möglichst direkten und getreuen Version ins Englische zu übertragen.

Ich beginne mit der Erschaffung des Menschen nur aus Vorliebe und nicht nach dem Datum, an dem sie erzählt wurde. Die Legende wurde im Dezember 1883 von Matageza, einem Eingeborenen der Basoko, erzählt. (Die Basoko sind ein Stamm, der das rechte Ufer des Aruwimi-Flusses von seiner Mündung in den Kongo bis kurz vor die Stromschnellen von Yambuya und einige Märsche landeinwärts bewohnt.) Er war ein eifriger Teilnehmer unseres nächtlichen Kreises gewesen, hatte aber bisher seinen Mund nicht aufgemacht. Als die Stille am Lagerfeuer schließlich etwas unangenehm wurde, drängte man Baruti, einen meiner Zeltjungen, etwas zu sagen; aber er zog sich zurück und sagte, er könne sich nie an etwas erinnern, was man ihm erzählte, fügte aber hinzu: „Matageza ist klug; ich habe ihn eine lange Legende über die Erschaffung des ersten Menschen beim Mond erzählen hören."

Alle Augen richteten sich sofort auf Matageza, der seine Füße an einem kleinen Feuer wärmte, und ein Chor von Rufen erklang: „Matageza! Matageza!" Er tat so, als wolle er nur sehr widerwillig vortreten, aber die Männer, deren Neugier geweckt war, ließen sich das nicht gefallen, und einige von ihnen packten ihn und schleppten ihn unter lautem Gelächter zum Ehrenplatz. Nach einigem Drängen und dem Versprechen eines feinen Tuchs, wenn die Geschichte gut sei, räusperte er sich und begann die seltsame Legende von der Erschaffung des Menschen wie folgt:

Kapitel eins.

Die Erschaffung des Menschen.

In alten, alten Zeiten war dieses ganze Land, ja die ganze Erde mit Süßwasser bedeckt.

Doch das Wasser trocknete aus oder verschwand irgendwo, und Gräser, Kräuter und Pflanzen begannen über dem Boden zu sprießen, und einige wuchsen im Laufe vieler Monde zu großen und kleinen Bäumen heran, und das Wasser wurde in Strömen und Flüssen, Tümpeln und Seen eingeschlossen, und der Regen hielt die Ströme und Flüsse am Fließen und die Tümpel und Seen immer frisch. Es gab kein Lebewesen auf der Erde, bis eines Tages eine große Kröte an einem der Tümpel saß. Wie lange sie gelebt hatte oder wie sie ins Dasein kam, ist unbekannt; man vermutet jedoch, dass das Wasser sie aufgrund einer ihm innewohnenden Kraft hervorbrachte. Am Himmel leuchtete und schien nur der Mond – auf der Erde gab es nur diese eine Kröte. Es heißt, sie hätten sich getroffen und miteinander gesprochen, und eines Tages sagte der Mond zu ihr:

„Ich habe eine Idee. Ich schlage vor, einen Mann und eine Frau zu erschaffen, die von den Früchten der Erde leben, denn ich glaube, dass es dort reichlich Nahrung gibt, die für solche Geschöpfe geeignet ist."

„Nein", sagte die Kröte, „lass mich sie machen, denn ich kann sie für den Gebrauch auf der Erde besser geeignet machen als du, denn ich gehöre zur Erde, während du zum Himmel gehörst."

„Wahrlich", antwortete der Mond, „du hast die Macht, Geschöpfe zu erschaffen, die nur eine kurze Existenz haben werden; aber wenn ich sie erschaffe, werden sie etwas von meiner eigenen Natur haben; und es ist schade, dass die Geschöpfe, die man selbst erschaffen hat, leiden und sterben müssen. Deshalb, oh Kröte, schlage ich vor, mir die Macht der Schöpfung vorzubehalten, damit die Geschöpfe mit Vollkommenheit und dauerhaftem Leben ausgestattet werden können."

„Ach, Mond, sei nicht neidisch auf die Macht, die ich mit dir teile, sondern lass mich meinen Willen haben. Ich werde ihnen Formen geben, wie ich sie mir oft erträumt habe. Der Gedanke ist groß in mir und ich bestehe darauf, meine Ideen zu verwirklichen."

„Wenn du so entschlossen bist und meine Worte befolgst, wirst du und sie sterben. Dich werde ich töten und ein für alle Mal vernichten; und deine Geschöpfe können dir nur folgen, da sie aus so zerbrechlichem Material sind, wie du es ihnen geben kannst."

„Ach, jetzt bist du zornig, aber ich höre nicht auf dich. Ich bin fest entschlossen, dass die Geschöpfe, die diese Erde bewohnen, von mir selbst erschaffen werden. Kümmere dich um dein eigenes Reich im Himmel."

Dann ging der Mond auf und stieg empor, von wo aus er mit seinem großen, strahlenden Gesicht die ganze Welt erhellte.

Die Kröte wuchs mit ihrer Zeugung, bis sie heranreifte und in der Gestalt von Zwillingswesen, einem erwachsenen Mann und einer erwachsenen Frau, zur Welt kam. Diese waren die ersten unserer Art, die jemals die Erde betraten.

Der Mond sah das Ereignis voller Wut und verließ seinen Platz am Himmel, um den Kröterich zu bestrafen, der das Privileg verletzt hatte, das er sich eigentlich vorbehalten wollte. Er kam direkt zu Kröterichs Teich und stand strahlend hell darüber.

„Elender", rief er, „was hast du getan?"

„Geduld, Mond, ich habe nur mein Recht und meine Macht ausgeübt. Es lag in meiner Macht, es zu tun, und siehe, die Tat ist vollbracht."

„Du hast dich selbst so hochgeschätzt, dass du mir in deiner eigenen Wertschätzung ebenbürtig bist. Deine Eitelkeit hat deinen Verstand getrübt und die Erinnerung an die Warnung, die ich dir gegeben habe, verdunkelt. Selbst wenn du von mir eine Erlaubnis erhalten hättest, die Aufgabe zu übernehmen, hättest du es nicht besser machen können, als du es getan hast. So sehr du mir unterlegen bist, so sehr werden diese denen unterlegen sein, mit denen ich diese Erde hätte ausstatten können. Deine Geschöpfe sind erbärmliche Dinger, bloße Tiere ohne Verstand, ohne die Gabe der Wahrnehmung oder des Selbstschutzes. Sie sehen, sie atmen, sie existieren; ihr Leben kann an einer meiner Rundreisen gemessen werden. Wäre es nicht aus Mitleid mit ihnen, würde ich sie sogar sterben lassen. Aus Mitleid schlage ich daher vor, das, was du getan hast, etwas zu verbessern: Ihr Leben soll verlängert werden, und ich werde sie mit einer Intelligenz ausstatten, die missgestaltete Wesen wie diese nur haben können, damit sie durch ein Leben geführt werden, das mit all meiner Macht mühselig und schmerzhaft sein muss. Doch was dich betrifft, so ist mein Zorn für sie gefährlich, solange du existierst. Deshalb werde ich dich vernichten, um deine Verwandten zu retten."

Während er das sagte, näherte sich der Mond dem Kröterich, und die wilden Funken schossen aus seinem brennenden Gesicht und fielen auf den Kröterich, bis er verzehrt wurde.

Der Mond badete dann im Teich, um die Hitze seines Zorns zu mildern, und das Wasser wurde so heiß, dass es dem in einem Topf über dem Feuer ähnelte, und er blieb darin, bis das Zischen und Blubbern aufgehört hatte.

Dann erhob sich der Mond aus dem Teich und suchte die Tiere der Kröte. Und als er sie gefunden hatte, rief er sie zu sich, aber sie fürchteten sich und versteckten sich.

Bei diesem Anblick lächelte der Mond, wie man ihn manchmal in schönen Nächten sieht, wenn er klar weiß und frei von Flecken oder Schlieren ist, und er war erfreut, dass Krötes Geschöpfe Angst vor ihm hatten. „Die armen Dinger", sagte er, „Kröte hat mir noch viel Arbeit hinterlassen, bevor ich sie zu den ersten irdischen Geschöpfen machen kann." Mit diesen Worten nahm er sie in den Arm und trug sie zu dem Teich, in dem er gebadet hatte und der Krötes Zuhause gewesen war. Er hielt sie eine Zeit lang im Wasser, badete sie zärtlich und streichelte sie hier und da, wie ein Töpfer sein Steingut streichelt, bis er ihnen etwas Ähnliches gegeben hatte wie wir Männer und Frauen heute. Das Männchen zeichnete sich durch breite Schultern, tiefe Brust, größere Knochen und eine stämmigere Gestalt aus; das Weibchen hatte eine zierlichere Brust und eine schmalere Taille, und die Breite und Fülle der Frau befand sich ungefähr in der Mitte des Körpers auf Höhe der Hüften. Dann gab der Mond ihnen Namen; Den Mann nannte er Bateta, die Frau Hanna, und er wandte sich an sie und sagte:

„Bateta, sieh dir diese Erde und die Bäume, Kräuter, Pflanzen und Gräser an; das Ganze ist für dich und deine Frau Hanna und für deine Kinder, die deine Frau Hanna dir gebären wird. Ich habe dich sehr neu erschaffen, damit du und deine Angehörigen die Dinge genießen können, die ihr für notwendig und angemessen haltet. Damit du herausfinden kannst, welche Dinge nicht schädlich, sondern nützlich für dich sind, habe ich dir die Fähigkeit zur Unterscheidung in den Kopf gelegt, die du anwenden musst, bevor du weise werden kannst. Je mehr du dies unter Beweis stellst, desto besser wirst du die Fülle an guten Dingen erkennen können, die die Erde für die Geschöpfe bereithält, die sie bewohnen sollen. Ich habe dich und deine Frau so perfekt gemacht, wie es für die Erhaltung und den Genuss der Lebensspanne notwendig ist, die aufgrund der Materialien, aus denen dich die Kröte gemacht hat, notwendigerweise kurz sein muss. Es liegt in deiner Macht, sie zu verlängern oder zu verkürzen. Einige Dinge muss ich dich lehren. Ich gebe dir zuerst eine Axt. Ich mache ein Feuer für dich, das du von Zeit zu Zeit mit Holz und dem wichtigsten und notwendigsten Gerät für den täglichen Gebrauch schüren musst. Sieh mir zu, während ich es für dich mache."

Der Mond nahm etwas dunklen Lehm am Teich, vermischte ihn mit Wasser, knetete und drehte ihn, bis er eine runde Form hatte und innen hohl war.

Dann bedeckte er ihn mit der Glut des Feuers und backte ihn. Als er fertig war, reichte er ihn ihnen.

„Dieses Gefäß", fuhr der Mond fort, „ist zum Kochen von Speisen. Du füllst es mit Wasser und gibst alles Essbare, das du essen möchtest, in das Wasser. Dann stellst du das Gefäß aufs Feuer, das mit der Zeit das Wasser zum Kochen bringt und das Essbare gart. Alle Gemüsesorten, wie Wurzeln und Knollen, werden durch diese Zubereitung besser im Geschmack und bieten einen besseren Nährwert. Es wird für dich eine ernste Angelegenheit werden, herauszufinden, welche der Dinge, die schön aussehen, auch gut für den Gaumen sind. Aber solltest du lange im Zweifel sein und Angst vor Schaden haben, frage und ich werde dir antworten."

Nachdem er dem Mann und der Frau ihre erste Lektion erteilt hatte, stieg der Mond zum Himmel auf und schien von seinem erhabenen Platz mit einem zufriedenen Ausdruck auf sie und die ganze Erde, was das einsame Paar sehr tröstete.

Nachdem sie dem aufgehenden Mond zugesehen hatten, bis er seinen Platz am Himmel erreicht hatte, erhoben sich Bateta und Hanna und wanderten in dem wunderschönen Licht, das er ihnen schenkte, weiter, bis sie zu einem sehr großen Baum kamen, der umgestürzt war. Der niedergestreckte Stamm war etwa doppelt so dick wie sie selbst. Am breiteren Ende befand sich ein Loch, in das sie hineingehen konnten, ohne sich bücken zu müssen. Bateta verspürte das Bedürfnis zu schlafen und legte sein Feuer draußen in der Nähe des ausgehöhlten Eingangs nieder, schnitt trockenes Brennholz zurecht und seine Frau schüttete es auf das Feuer, während die Flammen heller wurden und das Innere erleuchteten. Bateta nahm Hanna bei der Hand und ging in den Baum hinein, und die beiden legten sich zusammen hin. Doch bald beklagten sich beide über die Härte ihres Bettes, und Bateta stand nach kurzem Nachdenken auf, ging hinaus, pflückte einige frische große Blätter von einer Pflanze, die in der Nähe des umgestürzten Baumes wuchs, und kehrte damit beladen zurück. Er breitete es dick aus, und Hanna wälzte sich darauf und lachte fröhlich, als sie zu Bateta sagte, es sei weich und glatt und schön; und sie öffnete die Arme und rief: „Komm, Bateta, und ruhe dich an meiner Seite aus."

Obwohl dies der erste Tag ihres Lebens war, hatte der Mond die unvollendete und armselige Arbeit der Kröte so perfektioniert, dass sie beide erwachsene Männer und Frauen waren. Innerhalb eines Monats gebar Hanna Zwillinge, von denen einer männlich und der andere weiblich war, und sie waren winzige Doppelgänger von Bateta und Hanna, was Bateta so freute, dass er sich liebevoll um seine Frau kümmerte, die durch ihre doppelte Verantwortung an anderen Dingen gehindert war.

So kam es, dass Bateta, besorgt um das Wohl seiner Frau und die Ernährung seiner Kinder, nach erlesenen Dingen suchte, aber wenig fand, was den feinen Geschmack seiner Frau befriedigte. Daraufhin blickte er mit erhobenen Händen zu Moon auf und rief:

„O Mond, höre auf dein Geschöpf Bateta! Meine Frau liegt dahin und schmachtet, und sie hat einen mir fremden Geschmack, den ich nicht befriedigen kann, und die Kinder, die uns geboren wurden, ernähren sich von ihrem Körper, und ihre Kraft nimmt schnell ab. Komm herunter, o Mond, und zeig mir, welche Früchte oder Kräuter ihre Sehnsucht stillen werden.“

Der Mond hörte Batetas Stimme, kam mit weißem, lächelndem Gesicht hinter der Wolke hervor und sagte: „Es ist gut, Bateta; siehe! Ich komme, um dir zu helfen.“

Als der Mond sich Bateta genähert hatte, zeigte er die goldene Frucht der Banane – es war dieselbe Pflanze, deren Blätter das erste Bett für ihn und seine Frau gebildet hatten.

„O Bateta, rieche diese Frucht. Wie gefällt dir ihr Duft?“

„Es ist schön und süß. O Mond, wenn es so gesund für den Körper ist, wie es süß zu riechen ist, wird meine Frau sich daran erfreuen.“

Dann schälte der Mond die Banane und bot sie Bateta an, woraufhin dieser sie mutig aß, und der Geschmack war so angenehm, dass er um Erlaubnis bat, seiner Frau eine mitbringen zu dürfen. Als Hanna sie probiert hatte, schien sie sie auch zu genießen; aber sie sagte: „Sag dem Mond, dass ich etwas anderes brauche, denn ich habe keine Kraft, und ich denke, diese Frucht wird mir nicht geben, was ich durch diese Kinder verliere."

Bateta ging hinaus und bat Moon, Hannas Worte anzuhören. Als er sie gehört hatte, sagte er: „Ich wusste, dass dies geschehen würde. Schau dich also um, Bateta, und erzähl mir, was du dort draußen vor dir sehen wirst."

„Das ist ja ein Büffel."

„Zu Recht benannt", antwortete Moon. „Und was folgt daraus?"

"Eine Ziege."

„Wieder gut. Und wie geht es weiter?"

„Eine Antilope."

„Ausgezeichnet, oh Bateta. Und was kommt als Nächstes?"

"Ein Schaaf."

„Es sind wirklich Schafe. Schau jetzt über die Bäume und erzähl mir, was du da über ihnen schweben siehst."

„Ich sehe Hühner und Tauben."

„Sehr gut, in der Tat", sagte Moon. „Die gebe ich dir als Fleisch. Der Büffel ist stark und wild, lass ihn dir überlassen; aber die Ziegen, Schafe und Hühner sollen in deiner Nähe leben und an deiner Gabe teilhaben. Es gibt viele in den Wäldern, die zu dir kommen werden, wenn sie genug grasen und picken. Nimm irgendeines davon – sei es Ziege, Schaf oder Huhn – binde es fest und schlag ihm mit deiner Axt den Kopf ab. Das Blut wird in den Boden sickern; das Fleisch unter der Außenhaut ist gut zum Essen, nachdem es gekocht oder über dem Feuer gebraten wurde. Beeil dich jetzt, Bateta; es ist Fleisch, nach dem sich deine Frau sehnt, und sie braucht nichts anderes, um ihre Kraft wiederherzustellen. Also bereite es sofort zu und iss."

Der Mond schwebte lächelnd und gütig nach oben, und Bateta beeilte sich, eine Ziege anzubinden, und bereitete sie vor, wie der Mond es geraten hatte. Hanna aß das gekochte Fleisch und kam bald wieder zu Kräften, und die Kinder gediehen und wuchsen wunderbar.

Eines Morgens verließ Bateta sein hohles Haus, und siehe da! Auf der Erde hatte sich etwas verändert. Direkt über den Baumwipfeln blickte eine große Kugel aus strahlendem, blendendem Licht vom Himmel und leuchtete weiß und hell über allem. Dinge, die er vorher nur undeutlich gesehen hatte, wurden jetzt deutlicher sichtbar. Anhand des seltsamen Lichts, das am Himmel hing, sah er den Unterschied zwischen dem, was der Mond spendete, und der neuen Helligkeit, die jetzt hervorstrahlte. Denn von außen schienen die Bäume und ihre Blätter in eine leuchtende Lichthülle gehüllt zu sein, während darunter nur ein schwacher Widerschein dessen zu sehen war, was draußen war, und für den Anblick schien es wie das kältere Licht des Mondes.

Und im kühleren Licht, das unter dem Laub der Bäume herrschte, versammelten sich Heerscharen neuer und seltsamer Kreaturen, einige groß, andere mittelgroß und wieder andere klein.

Erstaunt über diese Veränderungen rief er: „Komm heraus, oh Hanna, und sieh dir die seltsamen Dinge außerhalb der Wohnung an, denn ich bin wahrlich erstaunt und weiß nicht, was geschehen ist."

Gehorsam kam Hanna mit den Kindern heraus und blieb an seiner Seite stehen. Sie war gleichermaßen erstaunt über die Helligkeit des Lichts und über die Vielzahl der Lebewesen in allen möglichen Größen und Formen, die im Schatten um sie herumstanden und ihre Gesichter der Stelle zugewandt hatten, an der sie standen.

„Was könnte diese Veränderung bedeuten, oh Bateta?", fragte seine Frau.

„Nein, Hanna, das weiß ich nicht. Das alles ist passiert, seit der Mond mich verlassen hat."

„Du musst ihn unbedingt noch einmal rufen, Bateta, und nach der Bedeutung fragen, sonst fürchte ich, dass dir und diesen Kindern etwas zustoßen könnte."

„Du hast recht, meine Frau, denn wenn wir den Sinn all dessen ohne andere Hilfe als meinen eigenen Verstand herausfinden müssten, würden wir hier bis zu unserem Tod bleiben."

Dann erhob er seine Stimme und schrie laut nach oben, und beim Klang seiner Stimme blickten alle im Schatten versammelten Tiere nach oben und schrien mit ihren Stimmen; aber die Bedeutung ihres Schreis, obwohl es eine unendliche Vielfalt an Geräuschen gab, von der runden, brüllenden Stimme des Löwen bis zum schrillen Quieken der Maus, war:

„Komm zu uns herab, oh Mond, und erkläre uns die Bedeutung dieser großen Veränderung; denn nur du, der du uns erschaffen hast, kannst unsere Sinne zum richtigen Verständnis davon führen."

Als sie ihre Bitte an den Mond beendet hatten, ertönte eine Stimme von oben, die wie ferner Donner klang und sagte: „Bleibt, wo ihr steht, bis die Helligkeit dieses neuen Lichts verblasst ist und ihr mein milderes Licht und das der vielen Kinder, die mir geboren wurden, erkennen könnt. Dann werde ich zu euch kommen und es euch erklären."

Daraufhin ließen sie jedes Geschöpf an seinem Platz ruhen, bis die große Helligkeit und die Wärme, die das seltsame Licht ausstrahlte, nachließen und schwächer wurden. Man bemerkte, dass es auf der der Seite, auf der es zuerst gesehen worden war, gegenüberliegenden Seite aus dem Blickfeld verschwand. Und gleich danach war an der Stelle, an der es verschwunden war, der Mond zu sehen, und überall am Himmel waren die zahllosen kleinen Lichter sichtbar, die die Kinder des Mondes ausstrahlten.

Nachdem Bateta Hanna und die Kinder darauf hingewiesen hatte, schien der Mond sanft hervor, und sein Antlitz war von Freude erfüllt. Lächelnd verließ er den Himmel, schwebte zur Erde hinab und blieb nicht weit von Bateta stehen, so dass er, seine Familie und alle Geschöpfe im Schatten von ihm aus zu sehen waren.

„Hört, oh Bateta, und ihr Raub- und Weidetiere. Vor kurzem habt ihr den Beginn der Zeitmessung gesehen, die von nun an in Tag und Nacht unterteilt wird. Die Zeit, die zwischen dem Auf- und Untergang der Sonne vergeht, wird Tag genannt, die Zeit zwischen ihrem Untergang und ihrem Wiederaufgang wird Nacht genannt. Das Licht des Tages geht von der Sonne aus, aber das Licht der Nacht geht von mir und meinen Kindern, den Sternen, aus. Und da ihr alle meine Geschöpfe seid, habe ich beschlossen, dass mein sanfteres Licht während der erholsamen Zeit, in der ihr schlaft, scheinen soll, um die Kraft wiederherzustellen, die ihr in der Wachzeit verloren habt, und dass ihr täglich zur Arbeitszeit durch das stärkere Licht der Sonne geweckt werdet. Diese ewige Regel soll bestehen bleiben.

„Und da Bateta und seine Frau die ersten Geschöpfe sind, wird ihnen, ihren Familien und der Art, die ihnen geboren wird, der Vorrang vor allen erschaffenen Geschöpfen zuerkannt, nicht weil sie stärker oder schneller sind, sondern weil ich ihnen nur Verständnis und die Gabe der Sprache gegeben habe, um es zu vermitteln. Vollkommenheit und ewiges Leben wurden ebenfalls gegeben, aber der Makel der Kröte bleibt im System, und das Ergebnis wird der Tod sein – der Tod aller Lebewesen, Bateta und Hanna ausgenommen. Wenn die Zeit gekommen ist, wenn ihre Glieder sich weigern, die Last ihres Körpers zu tragen, und ihr Mark ausgetrocknet ist, werden meine Erstgeborenen zu mir zurückkehren, und ich werde sie aufnehmen. Ihnen werden unzählige Kinder geboren, bis sich die Familien zu Stämmen ausbreiten, und von hier aus wird die Menschheit wie aus einer Quelle hervorströmen und alle Länder überziehen, die jetzt nur noch wild und öde sind, ja, sogar bis zum äußersten Rand der Erde.

„Und höre, oh Bateta, die Tiere, die du siehst, sind aus der Asche der Kröte entsprungen. An dem Tag, als er seine Kraft mit der meinen maß und von meinem Feuer verzehrt wurde, war noch ein Tropfen Saft in seinem Kopf. Es war ein Lebenskeim, aus dem bald eine weitere Kröte heranwuchs. Obwohl sie der Elternkröte nicht an Kraft gleichkamen, siehst du, was er getan hat. Jene Raubtiere und Weidetiere und Geflügel sind sein Werk. So schnell sie von ihm gezeugt wurden und so ungehobelt und plump sie waren, tauchte ich sie in den Teich der Kröte und vervollkommnete sie äußerlich entsprechend ihrer Verwendung, und wie du siehst, hat jedes Exemplar sein Gegenstück. Während sowohl du als auch sie das beißende Gift der Kröte in sich tragen, du vom Elternteil, sie in größerem Maße vom Krötenkätzchen, wird der tödliche Makel, wenn er reif ist, sowohl Mensch als auch Tier vernichten. Ihnen ist weder Verstand noch Sprachbegabung gegeben, und sie sind dir so unterlegen wie das Krötenkind dem Krötenelternteil. Deshalb kannst du dir alle Eigenschaften, die du bei ihnen entdeckst, zunutze machen. In der Zwischenzeit lass sie sich zu ihrem eigenen Futterplatz, Versteck oder Versteck begeben und wachsen und sich vermehren, bis die Generationen, die von dir abstammen, sie brauchen. Neben den Gaben des Waldes, des Dschungels und der Ebene genügen dir Ziegen, Schafe und Hühner. In deiner Freizeit, Bateta, kannst du alle Tiere schlagen und essen, die du in ihrer Gewohnheit mit denen verwechselst, die aus deiner Hand fressen. Die Gewässer sind reich an Fischen, die dir gehören, wenn du sie brauchst, die Luft wimmelt von Vögeln, die auch dir gehören, wie es dir dein Verstand gebietet.

„Du tust gut daran, alle essbaren Pflanzen anzupflanzen, die deinem Gaumen schmackhaft und deinem Körper wohltuend erscheinen, aber sei nicht voreilig in der Annahme, dass alles, was dem Auge gefällt, auch deinem Inneren wohltuend ist.

„Solange du und Hanna auf der Erde seid, verspreche ich euch meine Hilfe und meinen Rat. Und was ich dir und deiner Frau sage, wirst du deinen Kindern beibringen, damit die Erinnerung an nützliche Dinge nicht vergessen wird – denn nachdem ich dich zu mir genommen habe, komme ich nicht mehr, um Menschen zu besuchen. Betrete jetzt dein Haus, denn es ist eine Zeit, wie ich dir gesagt habe, für Ruhe und Schlaf. Beim Schein des größeren Lichts wirst du zu aktivem Leben und Arbeit und familiärer Sorge und Freude erwachen. Auch die Tiere werden zu ihrem Zuhause in der Erde, auf den Baumwipfeln, im Busch oder in der Höhle wandern. Leb wohl, Bateta, und kümmere dich gut um deine Frau Hanna und die Kinder.“

Der Mond beendete seine Rede und schwebte strahlend und anmutig nach oben, bis er an seinem Platz am Himmel ruhte. Als der Vater der Welt sein Haus betrat, funkelten alle Kinder des Mondes so hell vor Freude und Fröhlichkeit, dass der ganze Himmel für kurze Zeit zu brennen schien. Dann zog der Mond seinen wolkigen Mantel über ihn, und die kleinen Kinder des Mondes schienen schläfrig zu werden, denn sie funkelten schwach, und dann fiel Dunkelheit über die ganze Erde, und in der Dunkelheit zogen sich Mensch und Tier zurück, jeder an seinen eigenen Platz, so wie der Mond es befohlen hatte.

Ein zweites Mal erwachte Bateta aus dem Schlaf und ging hinaus, um sich über die intensive Helligkeit des brennenden Lichts zu wundern, das den Tag ausmachte. Dann sah er sich um und sein Blick ruhte auf einer edlen Herde Ziegen und Schafe, die alle ihren morgendlichen Willkommensgruß blökten, während die Jungen entzückt herumtänzelten und nach dem Herumhüpfen in kleinen Blöklauten ihre Freude zum Ausdruck brachten, ihren Häuptling Bateta zu sehen. Seine Aufmerksamkeit wurde auch auf die Haushühner gelenkt; es gab rote und weiße und gefleckte Hähne und ebenso viele bunte Hühner, jedes mit seinem eigenen Brut von Küken. Die Hühner trabten zu ihrem Herrn – gacker, gacker, gacker – die winzigen Küken folgten jeweils ihrer eigenen Mutter – piep, piep, piep – während die Hähne ihre Brüste herausstreckten und majestätisch hinter ihnen her stolzierten und mit ihren Trompetenkehlen krähten: „Heil, Herr.“

Dann erhob sich der Morgenwind und ließ die Bäume, Pflanzen und Gräser schwanken, und ihre Wipfel neigten sich, bevor er dem neuen König der Erde seinen Gruß darbot. Und so wusste der Mensch, dass seine Herrschaft über alles anerkannt war.

Ein paar Monate später kam es zu einer weiteren Doppelgeburt, und ein paar Monate darauf gab es noch eine, und Bateta erinnerte sich an die Anzahl der Monate, die zwischen jedem Ereignis lagen, und wusste, dass dies für alle Zeiten ein regelmäßiger Brauch sein würde. Am Ende des achtzehnten Jahres erlaubte er seinem Erstgeborenen, sich eine Frau auszusuchen, und als seine anderen Kinder erwachsen waren, erlaubte er ihnen ebenfalls, ihre Frauen auszuwählen. Am Ende von neunzig Jahren hatte Hanna Bateta zweihundertzweiundvierzig Kinder geboren, und es gab Enkel und Urenkel und unzählige Ururenkel, und sie wurden ein Alter, das um ein Vielfaches höher ist als das höchste Alter, das wir heute erreichen. Als sie so alt waren, dass ihnen das Leben schwerfiel, kam der Mond, wie er es versprochen hatte, auf die Erde herab und gebar sie sich, und bald darauf starben die erstgeborenen Zwillinge und wurden in der Erde begraben, und danach gab es viele und häufigere Todesfälle. Die Menschen lebten nicht mehr so lange wie ihre Eltern, denn Krankheiten, Zwistigkeiten, Kriege, Hungersnöte und Unfälle machten ihnen ein Ende und verkürzten ihre Tage, bis sie schließlich vergaßen, wie man lange lebt, und sich nicht mehr darum kümmerten, wie man seine Tage verlängern könnte. Und so ist es bis zu uns geschehen, die wir jetzt leben. Die ganze Erde ist mit Menschen gefüllt, aber die Zahl der Toten, die fort und vergessen sind, ist weit größer als die derjenigen, die jetzt auf der Erde leben.

"THE MOON CAME DOWN TO THE EARTH . . . AND BORE THEM TO HIMSELF."

Ihr seht nun, meine Freunde, was für ein Unheil die Kröte der ganzen Menschheit zugefügt hat. Wäre sie nicht so eingebildet gewesen und hätte sie ein wenig gewartet, hätte der gute Mond uns als edlere Art gesehen, als wir es jetzt sind, und der Makel der Kröte hätte den Menschen nicht verflucht. Gebt deshalb eure eigensinnigen Wege auf und gebt der Unbesonnenheit keinen Raum, sondern achtet gut auf die Weisen und Alten, damit ihr nicht auf die gleiche Weise die Menschen befleckt und die Unschuldigen, die Jungen und die Schwachen leiden lasst. Ich habe meine Meinung gesagt. Wenn ihr etwas Unangenehmes gehört habt, denkt daran, dass ich die Geschichte nur so erzähle, wie sie mir erzählt wurde.

„Wenn man es als bloße Geschichte betrachtet", sagte Baraka, „ist sie sehr gut erzählt, aber ich möchte gern wissen, warum der Mond Bateta nicht den Wert der Maniokpflanze beigebracht hat, da er sich doch die Mühe gemacht hat, ihm von der Banane zu erzählen."

„Aus dem Grund", antwortete Matageza, „denn als er ihm die Banane zeigte, konnte das niemand außer dem Mond tun. Aber nachdem der Mond ihm Ziegen, Schafe und Hühner als Gefährten gegeben hatte, reichte seine eigene lebhafte Intelligenz aus, um Bateta viele Dinge beizubringen. Die Ziegen wurden Batetetas große Haustiere und folgten ihm überallhin. Er bemerkte, dass es eine bestimmte Pflanze gab, zu der die Ziegen mit großer Gier strömten, um die Spitzen zu fressen, bis ihre Bäuche rund und groß wurden. Eines Tages kam ihm die Idee, dass, wenn die Ziegen so frei und ohne Schaden davon fressen konnten, es auch für ihn harmlos sein könnte. Daraufhin riss er die Pflanze aus und brachte sie nach Hause. Während er die Spitzen für den Topf abhackte, versuchten seine Hausziegen die Knolle zu fressen, die die Wurzel war, und er versuchte das auch. Er schnitt sowohl Blätter als auch Wurzel auf und kochte sie, und nachdem er sie probiert hatte, fand er sie außerordentlich gut und schmackhaft, und von da an wurde Maniok zu einem täglichen Nahrungsmittel für ihn und seine Familie, und von ihnen an an die Kinder seiner Kinder und so weiter bis hinunter zu uns."

„Das ist wirklich sehr interessant. Warum haben Sie das nicht in die Geschichte aufgenommen?"

„Denn dann hätte die Geschichte kein Ende. Ich müsste dir von der Süßkartoffel erzählen, von der Tomate, vom Kürbis, von der Hirse, die die Hühner entdeckten, und von der Palmölnuss, die der Hund entdeckte."

„Ach ja, erzählen Sie uns, wie ein Hund den Nutzen der Palmölnuss hätte zeigen können."

„Es ist ganz einfach. Bateta überredete einen Hund, bei ihm zu leben, weil er feststellte, dass der Hund lieber auf seinen Hinterbeinen saß und auf die Knochen wartete, die seine Familie nach dem Essen beiseite warf, als wie andere fleischfressende Tiere selbst zu jagen. Eines Tages ging Bateta in den Wald und sein Hund folgte ihm. Nach einem langen Spaziergang ruhte sich

Bateta am Fuße des hohen, geraden Baumes namens Palme aus, und auf dem Boden lagen viele Nüsse, die vielleicht die Affen oder der Wind heruntergeworfen hatten. Als der Hund sie beschnupperte, legte er sich hin und begann, sie zu fressen, und obwohl Bateta Angst hatte, er könnte sich verletzen, ließ er ihn gewähren, und er sah nicht ein, dass sie ihm überhaupt schadeten, sondern schien sie genauso gern zu haben wie immer. Bei diesem Gedanken begriff er, dass sie ihm nicht schaden würden; und nachdem er sie gekocht hatte, stellte er fest, dass ihr Fett den Geschmack seines Gemüses verbesserte, daher ist dieser Brauch bis zu uns überliefert. Tatsächlich haben wir das Wissen über die meisten Dinge, die wir heute als essbar kennen, durch die Beobachtung von Tieren durch unsere Vorfahren erlangt. Was die Menschen früherer Zeiten nicht wussten, erfuhren sie später durch Hungersnot, als die Menschen sich in der Wildnis verirrten."

Als wir schließlich aufstanden, um uns in unsere Zelte und Hütten zurückzuziehen, war der Großteil unserer Gruppe von der traurigen Überzeugung erfüllt, dass die Kröte die ganze Menschheit mit einem unheilbaren Makel befallen hatte und dass insbesondere wir armen Wanderer mit einem Übermaß dieser Krankheit geschlagen waren, weshalb sowohl die Kröte als auch die Kaulquappe von allen übel beschimpft wurden.

Kapitel Zwei.

Die Ziege, der Löwe und die Schlange.

Baruti, was übersetzt „Schießpulver" bedeutet, beneidete Matageza um das „Stück" von einem Dutzend bunter Taschentücher, mit denen er für seine hervorragende Geschichte belohnt worden war, und wagte es, mir eines Abends beim Servieren des Abendessens zu erzählen, dass er sich auch an eine Geschichte erinnerte, die ihm als Kind bei den Basoko erzählt worden war.

„Also gut, Baruti", antwortete ich, „wir werden uns heute Abend wie üblich um das Lagerfeuer treffen, und je nach dem Wert deiner Geschichte wirst du sicherlich belohnt werden. Wenn sie besser ist als die von Matageza, bekommst du ein noch schöneres Stück Stoff; wenn sie nicht so interessant ist, kannst du nicht so viel erwarten."

„In Ordnung, Sir. Geschäft ist Geschäft und nichts für den, der nichts sagen kann."

Bald nach Einbruch der Dunkelheit begannen die Kapitäne der Expedition und die intelligenteren Männer, den Abendkreis zu bilden, und nachdem wir den Zustand der Nacht und die Ereignisse des Tages besprochen hatten, rief ich Baruti nach seiner Geschichte. Nachdem er uns erzählt hatte, wie viel Zeit vergangen war, seit er sie gehört hatte, und wie er sich durch gründliches Suchen in den Tiefen seines Gedächtnisses schließlich daran erinnert hatte, erzählte er die Geschichte von „der Ziege, dem Löwen und der Schlange" folgendermaßen:

Eine Ziege und ein Löwe wanderten eines Tages gemeinsam am Rande eines Waldes entlang, an dessen Ende eine Menschengemeinschaft in einem Dorf behaglich untergebracht war, das mit hohen, spitzen Pfählen umzäunt war. Die Ziege sagte zum Löwen:

„Nun, mein Freund, woher kommen Sie heute?"

„Ich komme von einem Fest, das ich vielen meiner Freunde geschenkt habe – dem Leoparden, der Hyäne, dem Wolf, dem Schakal, der Wildkatze, dem Büffel, dem Zebra und vielen anderen. Auch die langhalsige Giraffe und die mit Wamme benetzte Elenantilopen waren da, ebenso wie die springende Antilope."

„Das ist wirklich eine großartige Gesellschaft, in der du dich befindest", sagte die Ziege mit einem Seufzer. „Ich Arme bin allein. Niemand kümmert sich besonders um mich, aber ich finde Gras und süßes Laub im Überfluss, und wenn ich satt bin, suche ich mir ein weiches Plätzchen unter einem Baum und kaue verträumt und zufrieden wieder. Und von anderen Sorgen, außer einem gelegentlichen Hungergefühl, kenne ich auf meinen Wanderungen keine."

„Wollen Sie damit sagen, dass Sie mich nicht um meine königliche Würde und Stärke beneiden?"

„Das weiß ich wirklich nicht, denn bisher wusste ich nichts davon."

„Was? Wisst ihr nicht, dass ich der Stärkste von allen bin, die im Wald oder in der Wildnis leben? Dass, wenn ich brülle, alle, die mich hören, ihre Köpfe senken und vor Angst zurückweichen?"

„All das weiß ich nicht, und ich bin auch nicht sicher, ob Sie sich nicht selbst täuschen, denn ich kenne viele, deren Angriffskraft viel gefährlicher ist als Ihre, mein Freund. Ihre Zähne sind zwar groß und Ihre Krallen scharf, Ihr Brüllen ist laut genug und Ihre Erscheinung ist imposant. Dennoch kenne ich ein winziges Wesen in diesen Wäldern, das viel mehr zu fürchten ist als Sie; und ich glaube, wenn Sie sich in einem Wettkampf mit ihm messen würden, würde dasselbe winzige Wesen siegen."

„Pah!", sagte der Löwe ungeduldig, „du machst mich wütend. Heute haben doch alle, die beim Fest waren, zugegeben, dass sie im Vergleich zu mir nur schwache Geschöpfe sind. Und du wirst zugeben, dass, wenn ich dich nur einmal kratzen würde, kein Leben mehr in dir wäre."

„Was Sie über mich sagen, ist wahr genug, und wie ich schon sagte, behaupte ich nicht, ich besitze die Macht. Aber dieses winzige Ding, von dem ich weiß, war wahrscheinlich nicht bei Ihrem Fest."

„Was mag dieses kleine, so schreckliche Ding sein?", fragte der Löwe höhnisch.

„Die Schlange", antwortete die Ziege und kaute mit gleichgültiger Miene wieder.

„Die Schlange!", sagte der Löwe erstaunt. „Was, dieses kriechende Reptil, das sich von Mäusen und schlafenden Vögeln ernährt – dieses weiche, rankenartige, kriechende Ding, das sich in Grasbüscheln und Buschzweigen windet?"

„Ja, das ist eindeutig sein Name und Charakter."

„Nun, mein Gewicht allein würde so lange darauf treten, bis es platt wäre wie ein zerschlagenes Ei."

„Ich würde es an deiner Stelle nicht versuchen. Seine Reißzähne sind schärfer als deine großen Eckzähne oder Klauen."

„Können Sie es mit meiner Stärke aufnehmen?"

"Ja."

„Und wenn Sie verlieren, wie hoch ist die Strafe?“

„Wenn du den Kampf überlebst, werde ich dein Sklave sein und du kannst mir Befehle erteilen, wie du willst. Aber was gibst du mir, wenn du verlierst?“

„Wie du willst.“

„Gut, dann nehme ich einhundert Bananenstauden mit. Und Sie sollten sie mir lieber hierherbringen, bevor Sie beginnen.“

„Wo ist diese Schlange, die mit mir kämpfen will?“

„Ganz in der Nähe. Wenn du die Bananen gebracht hast, wird er hier sein und auf dich warten.“

Der Löwe stolzierte davon, um die Bananen zu holen, und die Ziege ging weiter in den Busch, wo sie die Schlange sah, die schläfrig in vielen Windungen auf einem dünnen Ast zusammengerollt war.

„Schlange“, sagte die Ziege, „wach auf. Der Löwe brennt darauf, mit dir zu kämpfen. Er hat um hundert Bananenstauden gewettet, dass er siegen wird, und ich habe mein Leben darauf verpfändet, dass du der Starke sein wirst. Und, hör mir zu, befolge meine Hinweise, dann ist mein Leben sicher und ich werde mindestens drei Monde lang mit Nahrung versorgt sein.“

„Also“, sagte Serpent träge, „was möchtest Du denn, dass ich tue?“

„Stellen Sie sich auf einen etwa drei Ellen hohen Busch, der in der Nähe des Schauplatzes steht, an dem der Kampf stattfinden soll, und wenn der Löwe bereit ist, heben Sie Ihren Kamm hoch und kühn und bitten Sie ihn, näher zu Ihnen zu kommen, damit Sie ihn gut sehen können, denn Sie wissen, dass Sie kurzsichtig sind. Und er wird voller Eitelkeit und Ihre zierliche Gestalt verachtend auf Sie zukommen, ohne zu wissen, wie Sie angreifen. Dann schlagen Sie Ihre Reißzähne in seine Augenbrauen und schlingen Sie sich um seinen Hals. Wenn in Ihrem Gift noch irgendeine Kraft steckt, wird der arme Löwe bald leblos daliegen.“

„Und wenn ich das tue, was wirst du für mich tun?“

„Ich bin dein Diener und Freund für alle Zeiten.“

„Es ist gut“, antwortete die Schlange. „Geh voran.“

Dementsprechend führte die Ziege die Schlange zum Schauplatz des Kampfes, und diese rollte sich, wie die Ziege geraten hatte, auf der belaubten Spitze eines jungen Busches zusammen.

Bald darauf kam der Löwe mit einer langen Reihe dienstbarer Tiere und trug hundert Bündel Bananen. Nachdem er sie fortgeschickt hatte, wandte er sich an die Ziege und sagte:

„Also, Spitzbart, wo ist dein Freund, der stärker ist als ich? Ich bin neugierig, ihn zu sehen.“

„Bist du Löwe?“, fragte eine zischende Stimme von der Spitze eines Busches.

„Ja, das bin ich. Und wer bist du, dass du mich nicht kennst?“

„Ich bin die Schlange, mein Freund Löwe, und ich habe nur eine kurze Sicht und bewege mich langsam. Komm näher zu mir, denn ich sehe dich nicht."

Der Löwe stieß ein lautes, brüllendes Lachen aus und ging selbstbewusst auf die Schlange zu, die ihren Kamm erhoben und den Hals gewölbt hatte, und zwar so nahe, dass sein Atem die schlanke Gestalt zu zitternden Bewegungen zu veranlassen schien.

„Du zitterst schon", sagte Lion spöttisch.

„Ja, ich zittere nur, um besser zuschlagen zu können, mein Freund", sagte die Schlange, schoss nach vorne und biss ihre Reißzähne in die rechte Augenbraue des Löwen. Im selben Moment glitt ihr Körper um den Hals des Löwen und verschwand außer Sichtweite in der üppigen Mähne.

Wie der Schmerz des Feuers war das tödliche Gift schnell in Kopf und Körper zu spüren. Als es das Herz erreichte, fiel Lion zu Boden und blieb regungslos und tot liegen.

„Gut gemacht", rief Ziege, während sie um den Bananenhaufen herumtanzte. „Ich habe Proviant für drei Monate, und dieser tapfere Brüller ist nicht mehr wert als eine tote Ziege."

Ziege und Schlange schworen sich daraufhin Freundschaft, woraufhin die Schlange sagte:

„Folgen Sie mir jetzt und gehorchen Sie. Ich habe eine kleine Arbeit für Sie."

„Arbeit! Welche Arbeit, oh Schlange?"

„Es ist hell und angenehm. Wenn Sie diesem Pfad folgen, werden Sie ein Dorf der Menschen finden. Dort werden Sie den Menschen verkünden, was ich getan habe, und ihnen diesen Kadaver zeigen. Als Gegenleistung werden sie viel aus Ihnen machen, und Sie werden in ihren Gärten reichlich Nahrung finden – zarte Blätter von Maniok und Erdnüssen, reife Bananen und täglich reichlich sattes Grün. Es stimmt, wenn Sie fett sind und ein Festmahl vorbereitet werden soll, werden sie Sie töten und essen; aber für alle Ihre Artgenossen sind Komfort, Überfluss und ein warmes, trockenes Zuhause angenehmer als der kalte, feuchte Dschungel und die Zerstörung durch wilde Tiere."

„Nein, weder die Arbeit noch das Schicksal sind schmerzlich, und ich danke dir, oh Schlange; aber für dich kann es kein anderes Zuhause geben als den Busch und den Grasbüschel, und du wirst immer ein gefürchteter Feind aller sein, die sich deiner Ruhestätte nähern."

Dann trennten sie sich. Die Ziege ging den Weg entlang und kam zu den Gärten eines Dorfes, wo eine Frau Brennholz hackte. Als sie aufblickte, sah sie ein Wesen mit großen Hörnern, das blökend auf sie zukam. Ihr erster Impuls war, wegzulaufen, aber als sie beim Blöken sah, dass es ein Futter fressendes Tier war, das keine Möglichkeit hatte, etwas zu beleidigen, pflückte sie einige Maniokblätter und lockte es zu sich, woraufhin die Ziege kam und mit ihr sprach.

„Folgen Sie mir, denn ein Stückchen weiter muss ich Ihnen etwas Seltsames zeigen."

Die Frau wunderte sich, dass ein vierbeiniges Tier sie in verständlicher Sprache ansprechen konnte, und folgte ihr. Die Ziege trottete sanft vor ihr her zu der Stelle, wo der Löwe tot lag. Als die Frau den Körper sah, blieb sie stehen und fragte: „Was hat das zu bedeuten?"

"CONVEYED IT TO THE VILLAGE."

Die Ziege antwortete: „Das war einst der König der Tiere. Alle, die in den Wäldern und in der Wildnis lebten, fürchteten sich vor ihm. Aber er prahlte zu oft mit seiner Macht und wurde zu stolz. Deshalb forderte ich ihn auf, gegen ein winziges Geschöpf im Busch zu kämpfen, und siehe da! Der Prahler wurde erschlagen."

„Und wie nennen Sie den Sieger?"

"Die Schlange."

„Ah, das stimmt. Die Schlange ist König über alles, außer über den Menschen", antwortete die Frau.

„Du bist ein weiser Mensch", antwortete die Ziege. „Die Schlange gestand mir, dass der Mensch ihr überlegen sei, und schickte mich zu dir, damit ich ein Geschöpf des Menschen werde. Von nun an wird mich der Mensch mit Grünzeug und zarten Pflanzenspitzen ernähren und mir ein Zuhause und Schutz bieten; aber wenn der Festtag kommt, wird der Mensch mich töten und von meinem Fleisch essen. Das sind die Worte der Schlange."

Die Frau hörte sich alle Worte der Ziege an und behielt sie in ihrem Gedächtnis. Dann befreite sie den Löwen von seiner pelzigen Beute und brachte sie ins Dorf, wo sie ihr Volk mit allem, was ihr widerfahren war, in Erstaunen versetzte. Von diesem Tag an bis heute ist die Ziegenart bei den Familien der Menschen geblieben, und die Menschen sind der Schlange für sein Geschenk dankbar; denn hätte die Schlange ihr nicht befohlen, ihre Gegenwart zu suchen, wäre die Ziege für immer wild geblieben wie ihre Antilope, ihr Bruder.

„Gut gemacht, Baruti", rief Chowpereh. „Das ist eine sehr gute Geschichte, und sie ist wahrscheinlich auch wahr. Wallahi, diese Heiden haben doch noch einen gewissen Verstand, und ich hatte gedacht, ihre Köpfe wären sehr hölzern." Es ist unnötig zu erwähnen, dass Chowperehs Gefühle allgemein geteilt wurden und dass Baruti das neue Kleid erhielt, das er so sehr verdiente.

Kapitel drei.

Die Königin des Pools.

Kassim war ein kräftiger Junge aus dem Basoko-Land und ein Kumpel von Baruti. Bis jetzt hatte er uns noch nie eine Legende erzählt, obwohl er es liebte, am Feuer zu sitzen und den Geschichten aus alten Zeiten zuzuhören. Sein Schweigen fiel schließlich auf, und eines Abends drängten wir ihn alle, zu sprechen, weil es unfair sei, dass die Besucher unseres Open-Air-Clubs immer für Unterhaltung zu haben seien und sich dennoch weigerten, ihren Teil zur Unterhaltung beizutragen. Diese Art von Argumentation drang ins Schwarze und brachte ihn schließlich dazu, zuzugeben, dass er der Gruppe etwas schuldig sei, und er sagte:

Nun, Freunde, jeder Mensch nach seiner Natur, obwohl es so viele Menschen auf der Welt gibt, unterscheiden sie sich voneinander wie Steine, von denen keine zwei genau gleich sind. Hier ist Baruti, der des Redens nie müde zu werden scheint, während ich mehr Freude daran habe, seine Lippen auf und ab gehen zu sehen und seine Zunge heraus- und hereinzuschnellen, als meine eigene zu benutzen. Ich kann mich an keine Legende erinnern, das ist die Wahrheit; aber ich weiß von etwas, das keine Fiktion ist, das sich in unserem Land im Zusammenhang mit Izoka zugetragen hat – einer Frau, die ursprünglich aus Umané stammt, der großen Stadt oberhalb von Basoko. Izoka, die Königin des Teichs, wie wir sie nennen, lebt jetzt, und sollten Sie jemals wieder an Umané vorbeikommen, können Sie einen der Eingeborenen fragen, ob meine Worte wahr sind, und Sie werden feststellen, dass sie bestätigen werden, was ich Ihnen jetzt erzählen werde.

Izoka ist die Tochter eines Häuptlings von Umané, der Uyimba heißt, und ihre Mutter heißt Twekay. Einer der jungen Krieger namens Koku erhob seinen Blick zu ihr, und da er ein eigenes Haus hatte, das leer stand, dachte er, Izoka sollte diejenige sein, die seinen Herd warm hielt und ihm beim Fischen Gesellschaft leistete. Der Gedanke setzte sich in seinem Kopf fest, und er wandte sich an ihren Vater, und die Mitgift wurde verlangt; und obwohl sie hoch war, wurde sie bezahlt, um sein Verlangen nach ihr zu stillen.

Nun war Izoka in jeder Hinsicht geeignet, die Frau eines Häuptlings zu sein. Sie war groß, schlank und von schöner Gestalt; ihre Haut fühlte sich wie Daunen an, ihre freundlichen Augen strahlten vor Freundlichkeit, ihre Zähne waren wie weiße Perlen und ihr Lachen war so, dass alle, die es hörten, es mit den süßen Tönen einer Flöte verglichen, die der perfekte Spieler gerne macht, bevor er eine Melodie anstimmt, und die Männer waren fröhlicher gestimmt, wenn sie ihnen im Dorf begegnete. Nun, sie wurde Kokus Frau und verließ das Haus ihres Vaters, um bei ihrem Mann zu leben.

Zunächst schien es, als wären sie füreinander geboren. Obwohl Koku kein schlechter Fischer war, übertraf ihn seine Frau in jeder Hinsicht. Wo ein Fisch in sein Netz ging, gingen zehn in das von Izoka, und dieser große Erfolg bescherte ihm Wohlstand. Sein Kanu kehrte täglich mit Fischen beladen zurück, und als sie zu Hause ankamen, hatten sie so viel Arbeit, wie sie nur bewältigen konnten, um die Fische zu säubern und zu marinieren. Ihr täglicher Fang hätte ein ganzes Dorf vor dem Verhungern bewahrt. Daher verkauften sie ihren Überschuss, indem sie ihn gegen Sklaven, Ziegen, Hühner, Hacken, geschnitzte Paddel und Schwerter eintauschten; und in kurzer Zeit wurde Koku der reichste unter den Häuptlingen von Umané, dank des Glücks, das Izoka bei allem, was sie tat, zur Seite stand.

Die meisten Männer hätten sich für sehr begünstigt gehalten, wenn sie eine so glückliche Frau hatten, aber das war bei Koku nicht der Fall. Er wurde ein anderer Mensch. Der Wohlstand erwies sich als sein Fluch. Er ging nicht mehr mit Izoka zum Fischen; selten besuchte er mit ihr den Markt oder die Felder, auf denen die Sklaven arbeiteten, Maniok anpflanzten, die Bananenstauden jäteten oder den Dschungel rodeten, wie er es früher getan hatte. Man sah ihn jetzt immer mit seiner langen Pfeife und wie er mit elenden Faulenzern den Bananenwein trank, den er mit dem Fleiß seiner Frau gekauft hatte; und wenn er nach Hause kam, dann nur, um seine Frau so zu beschimpfen, dass sie sich nur schweigend verneigen konnte.

Wenn Koku am meisten von Bosheit erfüllt war, hatte er die irritierende Art, seine Gehässigkeit mit einem boshaften Lächeln zu verbergen, während seine Zunge allerlei gegenteilige Einfälle ausdrückte. Er hatte Freude daran, zu sagen, dass ihre glatte Haut so rau war wie das Blatt, mit dem wir unsere Speerschäfte polieren, dass sie untersetzt und zwerghaft war, dass ihr Mund ihn an den eines Krokodils erinnerte und ihre Ohren an die eines Affen; dass ihre Beine krumm und ihre Füße wie Nilpferdhufe waren und dass sie sogar wegen ihrer Nägel verachtet wurde, die von der Hausarbeit bis aufs Fleisch abgenutzt waren; und er fuhr fort, sie auf diese Weise zu ärgern, bis er schließlich überzeugt war, dass sie es war, die ihn quälte. Dann beschuldigte er sie der Hexerei. Er sagte, dass sie mit ihren Hexenmitteln so viele Fische gefangen hatte und dass er wusste, dass sie ihn eines Tages vergiften würde. Nun, in unserem Land ist dies eine sehr schwerwiegende Anklage. Sie ging ihrem Mann jedoch nie in die Quere, sondern ertrug seine Bitterkeit mit geschlossenen Lippen. Diese stumme Angewohnheit machte die Sache nur noch schlimmer. Denn je mehr Geduld sie zeigte, desto lauter wurden seine Anschuldigungen und desto schlimmer erschien sie ihm. Und das ist wirklich kein Wunder. Wenn man sich vornimmt, an einer Frau nur Fehler zu sehen, wird man blind für alles andere.

Auch ihre Kochkünste waren seiner Meinung nach scheußlich – in der Kräutersuppe war entweder zu viel oder zu wenig Palmöl, im Fischfleisch war Sand, das Geflügel bestand nur aus Knochen, sie soll den Chilitopf in den Eintopf geschüttet haben, das Haus war nicht sauber, in seinem Bett waren Schlangen – und so weiter und so fort. Dann drohte sie, als ihre Geduld völlig erschöpft war, dass sie es ihrem Vater erzählen würde, wenn er nicht aufhörte, was ihn so wütend machte, dass er einen dicken Stock nahm und sie so grausam schlug, dass sie fast tot war. Das war zu viel für eine so Undankbare und sie beschloss, in die Wälder zu fliehen und abseits von allen Menschen zu leben.

Sie war eine gute zweitägige Reise gegangen, als sie einen langen und breiten Teich erblickte, der von vielen Quellen gespeist wurde und von hohem, sich biegendem Schilf gesäumt war. Der Anblick dieses Gewässers, das ringsum von dichten Wäldern umgeben war, gefiel ihr so gut, dass sie sich einen ebenen Platz in der Nähe des Randes als Rastplatz aussuchte. Dann schnallte sie ihren Korb los, setzte sich hin, warf die Sachen heraus, die sie mitgebracht hatte, und begann zu überlegen, was man damit anstellen könnte. Da war eine keilförmige Axt, die man auch als Dechsel verwenden konnte, zwei Hacken, eine handliche Basoko-Henkelmakre, ein paar kleine Netze, eine Schöpfkelle, ein halbes Dutzend kleiner Kürbisse voller Körner, ein Kochtopf, einige kleine Fischmesser, ein Bündel Zunder, ein paar Feuerstäbe, ein kurzes Stück Zuckerrohr, zwei Bananenknollen, ein paar Perlen, Eisenarmreifen und winzige Kupferkugeln. Als sie sich all diese Sachen ansah, lächelte sie zufrieden und dachte, sie würde es schon ganz gut hinbekommen. Dann ging sie ein Stück in den Pool, schaute eine Zeit lang prüfend hinein und lächelte wieder, als wollte sie sagen: „Immer besser.“

Nun schnitt sie mit ihrer Axt einen Hackenstiel und in kurzer Zeit war er einsatzbereit. Sie ging zum Teichrand und begann, ein ziemlich großes, rundes Loch zu graben. Sie arbeitete daran, bis das Loch so tief und breit war wie sie selbst groß; dann verputzte sie den Boden gleichmäßig mit dem Schlamm vom Teichufer und danach machte sie ein großes Feuer auf dem Boden der Grube, und in der darauffolgenden Nacht stand sie nach ein paar Minuten Schlaf auf und warf mehr Brennmaterial nach. Als der nächste Tag dämmerte, brach sie ihr Frühstück mit ein paar in ihrem Topf gebackenen Körnern, fegte das ganze Feuer aus dem Brunnen und füllte jeden Riss im gebackenen Boden sorgfältig wieder auf, verputzte auch die Seiten ringsum glatt und machte wieder ein großes Feuer in der Grube und ließ es den ganzen Tag brennen.

Während das Feuer den Boden und die Wände des Brunnens brannte, versteckte sie ihren Korb in einem Schilfbüschel und erkundete ihre Umgebung. Während ihrer Wanderungen fand sie einen Pfad, der nach Norden führte, und sie merkte ihn sich. Sie entdeckte auch viele Nüsse, süße rote Beeren, einige rund, andere oval, und die Früchte, die den Elefanten schmecken. Sie belud sich mit so vielen dieser Dinge, wie sie tragen konnte, kehrte zurück, setzte sich an die Öffnung des Brunnens und erfrischte sich. Die letzte Arbeit des Tages bestand darin, das Feuer zu löschen, die Risse im Boden und an den Seiten zu verputzen und das Feuer wieder so groß wie vorher zu machen. Ihr Bett machte sie nicht weit davon entfernt, mit ihrer Axt neben sich.

Am nächsten Morgen beschloss sie, dem Pfad zu folgen, den sie am Tag zuvor entdeckt hatte, und als die Sonne schon fast in der Mitte des Himmels stand, erblickte sie plötzlich einen Bananenhain, woraufhin sie sich sofort ein wenig zurückzog und sich versteckte. Als es bereits dunkel geworden war, stand sie auf, durchbrach den Hain und schnitt eine große Bananenstaude ab, mit der sie die Straße entlang eilte. Als sie zu einem Stock kam, den sie quer über den Pfad gelegt hatte, wusste sie, dass sie nicht weit vom Teich entfernt war, und sie blieb dort, bis es hell genug war, um den Weg zum Brunnen zu finden.

Als sie an ihrem Brunnen ankam, war dieser in einwandfreiem Zustand; die Wände waren ebenso solide und gut gebacken wie ihr Kochtopf. Nachdem sie ihn zur Hälfte mit Wasser gefüllt hatte, röstete sie ein paar Bananen und bereitete daraus eine zufriedenstellende Mahlzeit zu. Dann nahm sie ihren Topf, kochte einige Bananen und machte daraus einen Teig. Nun leerte sie den Topf, bestrich Boden und Seiten dick mit diesem klebrigen Teig, band eine Ranke um den Topf und ließ ihn in den Teich hinab. Sobald er den Boden berührte, siehe da! schwärmten die Elritzen gierig in das Gefäß, um sich von dem Teig zu ernähren. Und als Izoka ihn plötzlich heraufzog, holte sie mehrere Dutzend Elritzen heraus, den Laich von Welsen und einige der Jungtiere der Bartfische, die in unseren Gewässern so gewaltige Größen erreichen. Die Elritzen nahm sie heraus und trocknete sie, um sie als Nahrung zu verwenden, aber die Jungtiere der Katzen- und Bartfische ließ sie in ihren Brunnen fallen. Als nächstes grub sie einen kleinen Graben vom Brunnen zum Teich, und nachdem sie die Mündung des Grabens mit einem starken und dichten Netz aus Schilfsplittern umwickelt hatte, machte sie einen weiteren schmalen Graben, durch den ein dünner Rinnsal Quellwasser den Brunnen mit Frischwasser versorgen konnte.

Jeden Tag verbrachte sie etwas Zeit damit, an einem gemütlichen, von Buschland umgebenen Ort, der nur eine Öffnung hatte, eine Hütte zu bauen; dann ging sie und arbeitete ein wenig in einem Garten, in dem sie das in drei Teile geschnittene Zuckerrohr und die beiden Bananenknollen gepflanzt und ihre Hirse, ihren Sesam und den gelben Mais gesät hatte, den sie in den Kürbissen gebracht hatte, und jeden Tag fütterte sie sorgfältig ihre Fische im Brunnen. Aber es gab drei Dinge, die sie in ihrer Einsamkeit am meisten vermisste, und das waren das Schreien eines Kleinkindes, das stolze Gackern der Henne, nachdem sie ein Ei gelegt hat, und das Blöken eines Zickleins an ihrer Schwelle. Dies brachte sie auf die Idee, dass sie diese Dinge durch etwas anderes ersetzen könnte, und sie dachte lange darüber nach, was es sein könnte.

Als sie bemerkte, dass es viele Erdhörnchen gab, dachte sie darüber nach, Fallen zu bauen, um sie zu fangen. Sie wickelte also Schlingen aus dünnen, aber starken Ranken in der Nähe der Baumwurzeln und über ihre schmalen Pfade im Wald. Und schließlich gelang es ihr, ein Paar zu fangen. Mit anderen Ranken, die sie mit Vogelleim eingerieben hatte, fing sie einige junge Papageien und Bachstelzen, denen sie mit ihrer Hippe die Flügelfedern abhackte. Und eines Tages, als sie Nüsse und Beeren für ihre Vögel sammelte, stieß sie auf ein Nest des Pelikans, in dem sich einige Eier befanden. Sie beschloss, diese zu beobachten, bis sie ausgebrütet waren, und sie dann mitzunehmen und aufzuziehen. Sie hatte eine Menge zu tun, indem sie Käfige für ihre Eichhörnchen und Vögel baute und sie mit Nahrung versorgte, und hatte überhaupt keine Zeit für Kummer.

Izoka jedoch mochte die Fische in ihrem Brunnen sehr und widmete den Großteil ihrer Freizeit dem Füttern dieser Fische. Sie wurden so zahm und intelligent, dass sie die gurrenden Töne eines seltsamen Liedes verstanden, das sie ihnen beibrachte, als wären sie Menschen. Sie fütterte sie reichlich mit Bananenteig, sodass sie in wenigen Monaten eine beachtliche Größe erreicht hatten. Nach und nach wurden sie zu groß für den Brunnen, und da sie vollkommen zahm waren, nahm sie sie heraus und ließ sie im Teich herumtoben. Pünktlich am frühen Morgen und am Mittag und bei Sonnenuntergang rief sie sie zu sich und gab ihnen ihre tägliche Portion Futter, denn zu diesem Zeitpunkt hatte sie einen ansehnlichen Vorrat an Bananen und Getreide von ihrer Plantage und ihrem Garten. Einen der größten Fische nannte sie Munu, und er war in den Händen seiner Herrin so intelligent und vertrauensvoll, dass er sich nur ungern sehr weit von der Nachbarschaft entfernte. Wenn sie ihre beiden Hände ins Wasser legte, ruhte er sich zufrieden in der so entstandenen Mulde aus. Außerdem hatte sie ihren Vorrat an Muscheln und Perlen zu Halsketten aufgefädelt und diese um die Schwänze ihrer Lieblingsfische befestigt.

Ihre anderen Freunde wurden genauso zahm wie die Fische, denn alle Arten von Tieren lernen, ihre Angst vor Menschen abzulegen, wenn sie wahre Freundlichkeit erfahren und keine beunruhigenden Schocks sie erschrecken. Und an diesem einsamen Ort, so geschützt durch schützende Wälder, wo der Wind kaum die Kraft hatte, das sich biegende Schilf und die herabhängenden Blätter rascheln zu lassen, gab es kein Geräusch, das selbst den Ängstlichsten Angst einflößen konnte.

Wenn Sie es versuchen, können Sie sich diese junge Frau Izoka vorstellen, wie sie am Rand des Teichs auf dem Boden sitzt, umgeben von ihren Freunden, wie eine Mutter von ihrem Nachwuchs. In ihren Armen ein junger

Pelikan, auf der einen Schulter ein plappernder Papagei, auf der anderen ein scharfäugiges Eichhörnchen, das auf seinen Hinterbeinen sitzt und seine Vorderpfoten leckt; auf ihrem Schoß ein anderes, das mit seinem buschigen Schwanz spielt, und zu ihren Füßen die Bachstelzen, die munter mit ihren Hinterteilen wedeln und kleine Schauer staubiger Erde aufwirbeln. Zwischen ihr und dem Teich ein langbeiniger Reiher, der vor langer Zeit gefangen wurde und sich der Freundlichkeit seiner Herrin unterworfen hat und nun auf einem Bein steht, als würde er auf ihre Sicherheit achten. Nicht weit hinter ihr ist ihr Waldheim, gut gefüllt mit Nahrung und Annehmlichkeiten, die das Ergebnis ihrer Geschicklichkeit und Sorgfalt sind. Mauersegler und Uferschwalben fliegen umher, jagen einander fröhlich und bringen den Ort mit ihrem Gezwitscher zum Klingen; Das Wasser des Teichs ist eben und faltenlos, außer vor ihr, wo die Fische manchmal herumzappeln und ungeduldig auf den Besuch ihrer Herrin warten.

"HE STEALTHILY APPROACHED FROM TREE TO TREE."
See p. 51.

So erschien sie eines Tages den grausamen Augen ihres Mannes Koku, der den Rauch ihres Feuers gesehen hatte, als er den Pfad entlangging, der nach Norden führte. Da er sowohl Förster als auch Fischer war, beherrschte er auch die Kunst der Jagd und näherte sich verstohlen von Baum zu Baum, bis er so nahe war, dass er die Knopfaugen des Eichhörnchens auf ihrer Schulter sehen konnte, das sie mit seinen plötzlichen Bewegungen aufschreckte. Es war seltsam, wie schnell sich die Panik von einem zum anderen übertrug. Sein Eichhörnchenbruder spähte von der Seite herüber, den Schwanz wie einen Kamm über dem Rücken liegend; der Papagei wandte ein Auge dem Baum zu, hinter dem Koku stand, und schien wie angewurzelt zu sein; der Reiher ließ sein anderes Bein auf die Erde sinken, kicherte seinen melancholischen Schrei „ *Kwa-le*“ und ließ seinen Schwanz sinken, als wolle er nach oben schnellen. Die Bachstelzen hörten auf zu knicksen, die Pelikane drehten ihre langen Schnäbel und legten sie träge auf den Rücken, den Blick unverwandt auf den Baum gerichtet; und schließlich drehte auch Izoka, gewarnt durch all diese Zeichen ihrer Freunde, ihren Kopf in die gleiche Richtung, aber sie sah niemanden, und da es Sonnenuntergang war, nahm sie ihre Freunde mit ins Haus.

Bald darauf kam sie wieder heraus und ging mit Fischfutter zum Teichrand und gurrte leise ihren Freunden im Wasser zu, und die Fische eilten ihrem Ruf zu und drängten sich um sie. Nachdem sie ihnen ihr Futter gegeben hatte, wandte sie sich an Munu, den größten Fisch, und sagte: „Ich gehe heute Nacht hinaus, um zu sehen, ob ich ein weggeworfenes Kochgefäß finden kann, denn meines ist zerbrochen. Hüte dich davor, dich mit einem Mann oder einer Frau anzufreunden, die das Lied, das ich dir beigebracht habe, nicht nachsprechen können“, und der Fisch antwortete, indem er seinen Schwanz je nach seiner Art nach rechts und links bewegte.

Izoka, die die Wälder nun bei Nacht ebenso gut kannte wie bei Tag, setzte ihre Reise fort, ohne zu ahnen, dass Koku sie, ihre Lebensweise und ihre Waldgeheimnisse entdeckt hatte. Er wartete eine Weile, schlich sich dann an den Teichrand und wiederholte das Lied, das sie gesungen hatte, und sofort strömten viele Fische auf ihn zu, über deren Anzahl und Größe er erstaunt war. Dadurch erkannte er, welche Chance auf Beute er hier hatte, und eilte auf den Pfad zu dem Ort, an dem er seine Männer zurückgelassen hatte, und rief ihnen zu: „Kommt, eilt mit mir in den Wald bei einem großen Teich, wo ich Unmengen von Fischen entdeckt habe.“

Seine Männer gehorchten ihm nur zu gern und um Mitternacht waren sie alle am Teich angekommen. Nachdem er sie in einer Reihe neben ihm aufgestellt hatte, mit ihren Speeren zum Schlag bereit, sang Koku mit sanfter Stimme das Lied von Izoka, und die großen und kleinen Fische sprangen freudig aus den Tiefen, in denen sie schliefen, und sie drängten sich zum Ufer, warfen sich übereinander und blickten eine Weile zweifelnd zu der Reihe von

Männern hinauf. Doch bald flogen die grausamen Speere aus ihren Händen und Munu, der Stolz von Izoka, wurde von mehreren durchbohrt und getötet und von den Pfeilen der Waffen, die ihn getötet hatten, an Land gezerrt. Munu wurde bald zerstückelt, er und einige andere seiner Gefährten und die Männer, die sich mit dem Fleisch beladen hatten, gingen hastig fort.

Gegen Morgen kehrte Izoka mit einer Ladung Bananen und einem Kochtopf nach Hause zurück, und nach einer kurzen Rast und Erfrischung fütterte sie ihre Freunde – die Erdhörnchen, die jungen Pelikane, die Papageien und Reiher – und verteilte reichlich Futter für die Bachstelzen, Schwalben und Mauersegler; dann eilte sie mit ihrer Gabe zum Teichrand. Doch ach! Nahe dem Wasserrand bot sich ihr ein Anblick, der sie fast ohnmächtig werden ließ – da waren Fußspuren, geknicktes Schilf, Blut, Schuppen und Fischreste. Sie gurrte leise ihren Freunden zu; diese hörten sie schreien, näherten sich aber langsam und zweifelnd. Sie rief Munu zu: „Munu-nunu, oh, Munu, Munu, Munu", aber Munu kam nicht, und die anderen standen weit vom Ufer entfernt, starrten sie vorwurfsvoll an und wollten nicht näher kommen. Als sie merkte, dass sie ihr misstrauten, warf sie sich auf den Boden, weinte heiße Tränen und jammerte: „Oh! Munu, Munu, Munu, warum zweifelst du an mir?"

Als Izokas Kummer etwas nachgelassen hatte, folgte sie den Spuren durch den Wald, bis sie auf den Pfad kam, wo die Spuren viel deutlicher waren, und dort entdeckte sie, dass diejenigen, die ihr friedliches Heim entweiht hatten, nach Umané gereist waren. Der Verdacht, dass ihr Mann zu ihnen gehört haben musste, ärgerte sie noch mehr, und sie beschloss, den Plünderern zu folgen und zu versuchen, Gerechtigkeit zu erlangen. Rasch eilte sie der Spur nach, und nach vielen Stunden schnellen Reisens erreichte sie Umané, als es dunkel geworden war. Dies begünstigte ihr Vorhaben, und sie konnte sich unbemerkt in die Nähe des offenen Platzes vor dem Haus ihres Mannes schleichen, als sie Koku und seine Freunde beim Fischessen sah und ihn mit seiner Entdeckung des schönen Fisches in einem Waldteich prahlen hörte. In ihrer Wut über seine dreiste Schurkerei war sie beinahe versucht, auf ihn loszugehen und ihm mit ihrer Hippe den Kopf zu spalten, aber sie beherrschte sich und setzte sich hin, um nachzudenken. Dann fasste sie den Entschluss, zu ihrem Vater zu gehen und seinen Schutz in Anspruch zu nehmen – ein Privileg, das sie vielleicht schon vor langer Zeit genutzt hätte, wenn ihr Stolz nicht durch die brutale Behandlung, die Koku ihr zuteilwerden ließ, verletzt worden wäre.

Das Dorf ihres Vaters war nur ein kleines Stück von Umané entfernt, und nach kurzer Zeit erschraken alle Menschen dort, als sie die schrille Stimme eines Mannes hörten, der schon vor langer Zeit gestorben zu sein glaubte und in der Dunkelheit die Namen Uyimba und Twekay rief. Als die Männer die Namen ihres Häuptlings und seiner Frau wiederholt riefen, ergriffen sie ihre Speere und stürmten hinaus. Zu ihrem Erstaunen stellten sie fest, dass die lange vermisste Izoka wieder unter ihnen war und dass sie unter großer und überwältigender Trauer litt. Sie führten sie zur Tür ihres Vaters und riefen Uyimba und seiner Frau Twekay zu, herauszukommen und sie aufzunehmen, und sagten, es sei eine Schande, dass der Stolz von Umané wie ein Sklave im Dorf ihres Vaters leiden müsse. Der alte Mann und seine Frau eilten hinaus, Fackeln wurden angezündet, und Twekay nahm bald ihre weinende Tochter in die Arme.

In unserem Land sind wir nicht sehr geduldig, wenn es um Neuigkeiten geht, und da jeder Izokas Geschichte erfahren wollte, musste sie sich auf einen Schild setzen und alle ihre Abenteuer erzählen, seit sie von Umané entflohen war. Die Leute hörten verwundert all den merkwürdigen Dingen zu, die erzählt wurden. Als sie jedoch von der Grausamkeit Kokus berichtete, erhoben sich alle Männer gemeinsam, schlugen mit ihren Speeren auf ihre Schilde und verlangten, dass Koku bestraft werde und dass Uyimba sie auf der Stelle nach Umané führen solle. Sie begaben sich also geschlossen in die Stadt zu Kokus Haus, und als er auf den Ruf eines von ihnen herauskam, um herauszufinden, was los sei, fielen sie über ihn her, fesselten ihn an Händen und Füßen, trugen ihn zum Haus ihres vorgesetzten Häuptlings und stellten ihn dort vor Gericht. Viele Zeugen traten vor, um gegen seine grausame Behandlung Izokas und den Fischraub und die Art und Weise seines Raubes auszusagen. und der große Häuptling legte Kokus Leben in die Gewalt von Uyimba, dessen Tochter er Unrecht getan hatte, der sofort befahl, Koku zu enthaupten und seinen Körper in den Fluss zu werfen. Das Urteil wurde ohne Zeitverlust am Flussufer vollstreckt. Die Leute von Uman und Uyimbas Dorf verlangten dann, dass Izoka, da sie sich als so klug und gut erwiesen hatte, dass Vögel, Tiere und Fische ihrer Stimme gehorchten, ein Zeichen der Gunst des Volkes gegeben werden sollte. Daraufhin überließ ihr der oberste Häuptling von Umané im Namen des Stammes alle Rechte am Waldteich und dem Wald und allen Dingen darin in der Umgebung, soweit sie in einem halben Tag reisen konnte, sowie auch allen Besitz, den Koku besaß.

Durch die Gunst ihres Stammes wurde Izoka so zur Besitzerin eines großen Bezirks und zur Herrin vieler Sklaven, Herden, Ziegen und Hühner und aller Arten nützlicher Dinge, die für die Ansiedlung am Teich nötig waren. Heute gibt es dort ein großes Dorf, und Izoka ist in vielen Ländern in der Nähe von Umané und Basoko als Königin des Teichs bekannt. Letzten Berichten zufolge lebte sie noch, war wohlhabend und glücklich; aber es ist nicht bekannt, dass sie noch einmal versucht hätte zu heiraten.

"THE SENTENCE WAS EXECUTED WITHOUT LOSS OF TIME."

Kassims Geschichte fand großen Beifall und er wurde sofort zum Liebling der Sansibaris.

Er wurde zum Häuptling gezogen und neben ihn gesetzt. Ein Sansibari gab ihm eine Handvoll gerösteter Erdnüsse, ein anderer eine geröstete Banane, während ein dritter das Feuer anfachte. Er erhielt so viele Komplimente, dass er, wie man sehen konnte, für den Moment ganz eitel war. Als ein königliches Dabwani-Tuch zur Besichtigung ausgebreitet und schließlich über seine Schultern geworfen wurde, sahen wir, wie er Baruti einen Blick zuwarf, der, wie wir wussten, bedeutete: „Ah, ah, Baruti, andere Leute können genauso gut Geschichten erzählen wie du!“

Kapitel Vier.

Der Elefant und der Löwe.

In einem Lager am Oberen Kongo im Jahr 1877 näherte sich Chakanja unserem Feuer, als wir gerade mit dem Geschichtenerzählen beginnen wollten, und wurde sofort mit eifrigen Forderungen nach einer Geschichte bedrängt. Wie ein Sänger, der immer vorgibt, er sei erkältet, bevor er seinen Freunden ein Lied singt, brauchte Chakanja mehr als nur ein paar Bitten; aber schließlich, nachdem er geschworen hatte, dass er sich nie an etwas erinnern könne, willigte er ein, uns mit der Legende vom Elefanten und dem Löwen zu erfreuen.

„Gut", antwortete er mit einem tiefen Seufzer, „wenn ich muss, dann muss ich. Sie müssen wissen, dass wir Waganda drei Dinge lieben: eine nette Frau, einen schönen Bauernhof und gute Nachrichten oder eine spannende Geschichte. Ich habe in meinem Leben viele Geschichten gehört, aber anders als Kadu kann ich sie mir nicht merken. Die Köpfe der Menschen sind nicht gleich, genauso wenig wie die Herzen der Menschen gleich sind. Aber ich glaube, eine schlechte Geschichte ist besser als gar keine. Sie kommt mir wie ein Traum in den Sinn, diese Geschichte vom Elefanten und dem Löwen. Ich hörte sie zum ersten Mal, als ich Gabunga besuchte; aber wer kann sie so erzählen wie er? Wenn Sie meinen, die Geschichte sei nicht gut erzählt, dann ist das meine Schuld; aber dann machen Sie mir nicht zu viele Vorwürfe, sonst denke ich, ich müsste Ihnen morgen die Vorwürfe machen, wenn Sie an der Reihe sind, die Gesellschaft zu unterhalten."

Jetzt mach deine Ohren auf! Ein riesiger, übellauniger Elefant wanderte durch den Wald. Sein Inneres war schlaff, weil ihm saftige Wurzeln und saftiges Schilf fehlten, aber sein Kopf war so voller dunkler Gedanken wie eine Bremse voller Blut. Als er hierhin und dorthin blickte, bemerkte er einen jungen Löwen, der am Fuße eines Baumes schlief. Er betrachtete ihn eine Weile, dann, da er in böser Stimmung war, kam ihm die Idee, den Löwen genauso gut zu töten, und er stürzte sich dementsprechend auf ihn und spießte ihn mit seinen Stoßzähnen auf. Dann hob er den Körper mit seinem Rüssel hoch, schwang ihn herum und schleuderte ihn gegen den Baum und kniete anschließend darauf, bis er so formlos war wie zerdrücktes Bananenmark. Dann lachte er und sagte: „Ha! Ha! Das ist ein Beweis, dass ich stark bin. Ich habe einen Löwen getötet, und die Leute werden stolze Dinge über mich sagen und sich über meine Stärke wundern."

Bald darauf kam ein Elefantenbruder herbei und begrüßte ihn.

„Seht", sagte der erste Elefant, „was ich getan habe. Ich war es, der ihn getötet hat. Ich habe ihn hochgehoben, und siehe da, er liegt da wie eine faule

Banane. Glaubt ihr nicht, dass ich sehr stark bin? Kommt, seid jetzt offen und gebt mir Anerkennung für das, was ich getan habe."

Elefant Nummer 2 antwortete: „Es stimmt, dass du stark bist, aber das war nur ein junger Löwe. Es gibt andere seiner Art, und ich habe sie gesehen, die dir erhebliche Schwierigkeiten bereiten würden."

„Ho, ho!", lachte der erste Elefant. „Hau ab, Dummkopf. Du kannst seinen ganzen Stamm hierherbringen, und ich werde dir zeigen, was ich kann. Ja! Und deiner Mutter noch dazu."

„Was? Auch meine eigene Mutter?"

„Ja. Geh und hol sie, wenn du willst."

„So, so", sagte Nummer 2, „Sie sind weit weg, daran besteht kein Zweifel. Leben Sie wohl."

Nummer 2 setzte seine Wanderung fort und war fest entschlossen, wenn sich die Gelegenheit bot, jemanden zu schicken, der die Stärke des Prahlers auf die Probe stellte. Nein. Ich rief ihm zu, als er sich entfernte:

„Los geht's. Auf Wiedersehen."

Kurz darauf traf Elefant Nummer 2 einen Löwen und eine Löwin, ausgewachsene und prächtige Geschöpfe, die sich als die Eltern des getöteten Jungen herausstellten. Nach einem netten Gespräch mit ihnen sagte er:

„Wenn Sie den Weg, den ich gekommen bin, weiter verfolgen, werden Sie auf eine Wildart treffen, die unbedingt getötet werden muss. Er hat gerade Ihr Junges zerstückelt."

In der Zwischenzeit ging Elefant Nummer 1, nachdem er sehr eingebildet in sich hineingekichert hatte, zum nahegelegenen Teich, um zu baden und sich abzukühlen. Bei jedem Schritt, den er machte, konnte man sein „Ha, ha, ha! loh! Ich habe einen Löwen getötet!" hören. Während er im Teich war und sich das Wasser wie ein Schauer über den Rücken spritzte, sah er plötzlich auf und erblickte am Wasserrand einen Löwen und eine Löwin, die ihn streng musterten.

„Also, was willst du?", fragte er. „Warum stehst du da und siehst mich so an?"

„Sind Sie der Schurke, der unser Kind getötet hat?", fragten sie.

„Vielleicht bin ich das", antwortete er. „Warum willst du das wissen?"

„Weil wir ihn suchen. Wenn du es warst, musst du dasselbe mit uns machen, bevor du dieses Gelände verlässt."

„Ho! Ho!", lachte der Elefant laut. „Hör mal, ich war es, der dein Junges getötet hat. Komm jetzt, ich war es. Hörst du? Und wenn du nicht schleunigst von hier wegkommst, muss ich euch beiden genauso dienen, wie ich ihm gedient habe."

Die Löwen brüllten laut in ihrer Wut und schlugen heftig mit ihren Schwänzen.

„Ho, ho!", lachte der Elefant fröhlich. „Das ist großartig. Ich werde bestimmt bald wegrennen, sie machen mir solche Angst", und er tanzte um den Teich herum und verhöhnte sie, dann trank er eine große Menge Wasser und blies es in einem Regenschauer über sie.

Die Löwen rührten sich nicht, sondern starrten ihn unverwandt an und planten ihren Angriff.

Als er merkte, dass sie hartnäckig waren, übergoss er die Löwen erneut mit Wasser und wich dann in den tiefsten Teil des Teichs zurück, bis man von ihm nur noch die Spitze seines Rüssels sah. Als er wieder aufstand, beobachteten ihn die Löwen immer noch und hatten sich nicht bewegt.

„Ho, ho!", trompetete er, „immer noch da! Warte ein wenig, ich komme zu dir." Er ging auf das Ufer zu, aber als er nahe genug war, sprang der Löwenvater in die Luft, landete auf dem Rücken des Elefanten, riss wütend an den Nackenmuskeln und biss tief in die Schulter. Der Elefant zog sich schnell in den tiefsten Teil des Teichs zurück und tauchte mit seinem Feind unter, bis der Löwe gezwungen war, seinen Rücken zu verlassen und ans Ufer zu schwimmen. Kaum hatte der Elefant das Gefühl, erleichtert zu sein, als er an die Oberfläche kam, dem Löwen hastig folgte und ihn mit seinem Rüssel packte. Trotz seines Widerstands wurde er unter die Oberfläche gedrückt, unter seinen Knien mitgeschleift und in den Schlamm getreten, und in kurzer Zeit war der Löwenvater tot.

Der Elefant lachte triumphierend und rief: „Ho, ho! Bin ich nicht stark, Mutter Löwe? Hast du je jemanden wie mich gesehen? Zwei von euch! Der junge Löwe und Vater Löwe sind jetzt tot! Komm, Mutter Löwe, solltest du es nicht jetzt besser versuchen, nur um zu sehen, ob du nicht mehr Glück hast? Komm, alte Frau, nur einmal."

Die Löwin antwortete grimmig, während sie sich aus dem Teich zurückzog: „Bleib liegen, wo du bist. Ich werde meinen Bruder suchen und bin bald zurück."

Der Elefant verkündete lauthals seine Verachtung für sie und ihresgleichen, ergriff den Kadaver ihres Herrn, warf ihn ihr hinterher ans Ufer und erklärte, er sei bereit, dort zu bleiben, wo er sei, um die gesamte Löwenfamilie zu verspeisen.

In kurzer Zeit hatte die Löwin ihren Bruder gefunden, der ein mächtiger Kerl und voller Kampfgeist war. Als sie sich gemeinsam dem Teich näherten, berieten sie, wie sie am besten an den Elefanten herankommen könnten. Dann sprang die Löwin an den Rand des Teichs. Der Elefant zog sich ein kurzes Stück in tieferes Wasser zurück. Die Löwin kroch daraufhin am Teich entlang und tat so, als würde sie Wasser lecken. Der Elefant bewegte sich auf sie zu. Der Löwe wartete auf seine Gelegenheit, sprang schließlich mit lautem Gebrüll auf seine Schultern und begann, genau die Stelle aufzureißen, die der Löwenvater aufgerissen hatte.

Der Elefant wich schnell ins tiefe Wasser zurück, wie er es zuvor getan hatte, und tauchte unter, aber der Löwe hielt ihn fest und biss tiefer. Dann sank der Elefant hinab, bis nichts mehr zu sehen war außer der Spitze seines Rüssels, woraufhin der Löwe, um nicht zu ersticken, seinen Halt lockerte und energisch zum Ufer schwamm. Der Elefant erhob sich, und als der Löwe ans Ufer trat, packte er ihn und rammte einen seiner Stoßzähne in den Körper seines Gegners; doch während er dies tat, sprang die Löwin dem Elefanten an den Hals und biss und riss so heftig, dass er tot umfiel, und erdrückte mit seinem Fall den sterbenden Löwen.

Bald nach dem Ende des schrecklichen Kampfes kam Elefant Nummer 2 herbei, sah, wie die Löwin sich die Lippen und Pfoten leckte, und sagte:

„Hallo, hier hat es in letzter Zeit wohl ziemlich viel Streit gegeben. Drei Löwen sind tot, und hier liegt einer meiner Artgenossen und erstarrt."

„Ja", antwortete die Löwin düster, „der wilde Elefant hat mein Junges getötet, als der Kleine im Wald schlief. Dann hat er meinen Mann und meinen Bruder getötet, und ich habe ihn getötet; aber ich glaube nicht, dass der Elefant viel gewonnen hat, indem er mit uns gekämpft hat. Ich hatte keine großen Schwierigkeiten, ihn zu töten. Sollten Sie irgendwelche Freunde von ihm treffen, können Sie sie warnen, die Löwin in Ruhe zu lassen, sonst könnte sie versucht sein, kurzen Prozess mit ihnen zu machen."

Elefant Nummer 2, der im Allgemeinen ein geduldiger Mensch ist, war darüber verärgert und gab ihr plötzlich einen Tritt mit einem seiner Hinterbeine, der sie ein gutes Stück weit wegschleuderte, und fragte:

„Wie gefällt dir das, Ma Löwe?“

„Was meinst du damit?“, fragte die wütende Löwin.

„Oh, weil ich es hasse, so viel Prahlerei zu hören.“

„Möchtest du auch kämpfen?“, fragte sie.

„Wir sollten nie davon reden, etwas Unmögliches zu tun, Ma Lion“, antwortete er. „Ich bin viele Jahre durch diese Wälder gereist und habe noch nie gekämpft. Ich habe festgestellt, dass jemand, der sich um seine eigenen Angelegenheiten kümmert, selten in Schwierigkeiten gerät, und wenn ich jemanden treffe, der sogar stärker ist als ich, grüße ich ihn freundlich und gehe weiter, und ich würde Ihnen raten, dasselbe zu tun, Ma Lion.“

„Du bist frech, Elefant. Es wäre gut für dich, an deinen dummen Bruder zu denken, der so direkt vor deiner Nase liegt, bevor du mit deiner Unverschämtheit denjenigen belästigst, der ihn erschlagen hat.“

„Nun, Worte haben noch nie eine Plantage geschaffen; Felder entstehen erst durch den Umgang mit der Hacke. Sieh mal, Ma Lion, wenn ich den ganzen Tag mit dir reden würde, könnte ich dich nicht weise machen. Ich werde dir einfach den Rücken zukehren. Wenn du mich beißt, wirst du bald lernen, wie schwach du bist.“

Die Löwin, die durch die Verachtung des Elefanten noch mehr erzürnt war, sprang ihm auf die Schultern und klammerte sich an ihn, woraufhin er auf einen dicken Baum zustürmte, seine Schultern dagegen presste und ihr den Atem aus dem Körper presste, worauf sie aufhörte zu kämpfen. Als er seinen Druck lockerte, fiel der Körper zu Boden, und er kniete darauf und knetete ihn, bis jeder Knochen gebrochen war.

Während der Elefant nachdenklich über dem Körper stand und darüber nachdachte, welches Unglück Angebern widerfährt, kam ein Mann mit einem Speer vorbei. Als er sah, dass der Elefant seine Anwesenheit nicht bemerkte, dachte er darüber nach, welch großes Glück ihm widerfahren war.

Er sagte: „Ach, was hat er für schöne Stoßzähne. Damit werde ich reich und kann Sklaven und Vieh kaufen und mit diesen werde ich mir eine Frau und einen Bauernhof zulegen." Und dann ging er leise auf ihn zu und als er nahe genug war, stieß er seinen Speer in eine Stelle hinter der Schulter.

Der Elefant drehte sich rasch um, und als er seinen Feind erblickte, eilte er ihm nach, holte ihn ein und zerfleischte ihn, bis er nach wenigen Augenblicken nur noch ein verstümmelter Leichnam war.

Kurz darauf näherte sich eine Frau und als sie vier Löwen, einen Elefanten und ihren toten Mann sah, hob sie verwundert die Hände und rief: „Wie konnte das alles passieren?" Der Elefant, der ihre Stimme hörte, kam hinter einem Baum hervor, mit einem Speer in der Seite, der stark blutete. Bei seinem Anblick drehte sich die Frau um, um zu fliehen, aber der Elefant rief ihr zu: „Nein, lauf nicht, Frau, denn ich kann dir nichts antun. Die glücklichen Tage im Wald sind für alle Stämme vorbei. Die Erinnerung an diese Szene wird nie vergessen werden. Von nun an werden die Tiere ständig miteinander im Krieg sein. Löwen werden Elefanten nicht mehr begrüßen, die Büffel werden scheu sein, die Nashörner werden abgeschieden leben, und wenn der Mensch in die Schatten kommt, wird er an nichts anderes denken als an seine Ängste, und er wird sich in jedem Schatten einen Feind vorstellen. Ich bin schwer verwundet, denn dein Mann schlich sich an meine Seite und trieb seinen Speer in mich, und bald werde ich sterben."

Als sie diese Worte gehört hatte, eilte die Frau nach Hause, und alle Dorfbewohner, alt und jung, eilten in den Wald zum Teich, wo sie vier Löwen, zwei Elefanten und einen aus ihrem eigenen Stamm fanden, der still und leblos dalag.

Die Worte des Elefanten haben sich als wahr erwiesen, denn heutzutage geht niemand mehr in die stillen und verlassenen Wälder, ohne das Gefühl zu haben, dass dort etwas spukt, und er denkt an Kobolde und erschrickt bei jedem Geräusch. Aus den Schatten, die sich mit der Sonne bewegen, scheinen Gestalten zu kriechen und Phantome zu gleiten, und wir sind fast fiebrig von den schrecklichen Illusionen der Einbildungskraft. Wir atmen schnell und haben Angst zu sprechen, denn die kleinste Erschütterung in der Stille würde unsere Nerven strapazieren. Ich spreche die Wahrheit, denn wenn ich mich bei Nacht im Wald aufhalte, schwimmen vor meinen Augen eine Vielzahl schrecklicher Dinge, die ich bei Tageslicht nie sehe. Der Blitz eines Glühwürmchens ist ein Gespenst, der Gesang eines Frosches wird zu einem furchtbaren Brüllen, das plötzliche Piepsen eines Vogels signalisiert Mord, und ich renne. Nein, nein; kein Wald für mich, wenn ich allein bin.

Und Chakanja stand auf und ging in sein Quartier, wobei er ernst den Kopf schüttelte. Aber wir lächelten Chakanja alle an und dachten daran, wie schrecklich er sich erschrecken würde, wenn plötzlich jemand hinter einem dunklen Busch hervorkäme und ihm „Buuh!" zuriefe.

Kapitel fünf.

König Gumbi und seine verlorene Tochter.

Wir waren alle wie üblich um das Feuer versammelt, als Safeni, der weise Steuermann, ausrief: „Seht her, Jungs. Denkt ihr nicht, dass es ab und zu gut wäre, eine Legende über Männer und Frauen zu hören? Ich bin dafür, dass einer von euch, der uns mit Geschichten über Löwen und Leoparden unterhalten hat, sein Gedächtnis durchforscht und der Gesellschaft eine nette Geschichte über einen Sohn Adams erzählt. Kommt, ihr Katembo, lasst die Manyema keine Legenden haben!"

„Ja, das haben wir. Aber meine Ohren waren bisher so offen, dass meine Zunge ihren Gebrauch fast vergessen hat, und ich fürchte, dass Sie mich nach den gewandten und entzückenden Geschichten von Kadu nicht für einen Sprachexperten halten werden. Wenn Sie jedoch davon hören möchten, kann ich Ihnen die Legende von Gumbi, einem unserer Könige aus längst vergangenen Tagen, und seiner Tochter erzählen."

„Sprich, sprich, Katembo", rief die Gesellschaft, „lass uns heute Abend eine Manyema-Legende hören."

Nach dieser allgemeinen Einladung räusperte sich Katembo, brachte seine Fußsohlen näher ans Feuer und sprach unter respektvollem Schweigen Folgendes:

In alten Zeiten glaubte man, wenn eine Königstochter das Unglück hatte, zehn Fehler zu begehen, sollte sie für die Hälfte davon büßen und ihr Vater für den Rest bestraft werden. Nun hatte König Gumbi vor kurzem zehn Frauen geheiratet, und auf einmal kam ihm dieser alte Glaube der Ältesten über Probleme mit Töchtern in den Sinn, und er erließ einen Befehl, der bei Todesstrafe befolgt werden musste, dass alle ihm geborenen Mädchen in den Lualaba geworfen und ertränkt werden sollten, denn, sagte er, „die Toten sind nicht in Versuchung zu irren, und ich werde dem Unheil entgehen."

Um den Vorwürfen seiner Frauen wegen des grausamen Befehls zu entgehen, beschloss der König, sich zu entfernen, und er nahm eine große Gefolgschaft mit und besuchte andere Städte seines Landes. Wenige Tage nach seiner Abreise wurden ihm fünf Söhne und fünf Töchter geboren. Vier der weiblichen Säuglinge wurden sofort gemäß dem Befehl des Königs entsorgt; aber als die fünfte Tochter geboren wurde, war sie so schön und hatte so große Augen und ihre Farbe war so sanft, so wie eine reife Banane, dass die Oberamme zögerte, und als die Mutter so sehr um das Leben ihres Kindes flehte, beschloss sie, das kleine Kind zu retten. Als die Mutter aufstehen konnte, eilte die Amme mit ihr heimlich bei Nacht fort. Am Morgen befand sich die Königin in einem dunklen Wald, und da sie allein war, begann sie mit sich selbst zu sprechen, wie die Leute es normalerweise tun, und ein grauer Papagei mit einem wunderschönen roten Schwanz kam angeflogen und fragte: „Was sagst du zu dir selbst, oh Miami?"

Sie antwortete und sagte: „Ach, schöner kleiner Papagei, ich denke darüber nach, was ich tun sollte, um das Leben meines kleinen Kindes zu retten. Sag mir, wie ich es retten kann, denn Gumbi möchte alle seine weiblichen Kinder töten."

Der Papagei antwortete: „Ich trauere sehr um dich, aber ich weiß es nicht. Frag den nächsten Papagei, den du siehst", und flog davon.

Ein zweiter, noch schönerer Papagei kam auf sie zugeflogen und pfiff und kreischte fröhlich, und die Königin erhob ihre Stimme und rief:

„Ach, kleiner Papagei, bleib einen Moment stehen und erzähl mir, wie ich das Leben meines süßen Kindes retten kann; denn der grausame Gumbi, ihr Vater, will es töten."

„Ach, Herrin, ich darf es nicht sagen, aber hinter mir kommt einer, der es weiß; fragen Sie ihn", und auch er flog zu seinem Tagesziel.

Dann sah man den dritten Papagei auf sie zufliegen und er ließ den Wald mit seinem fröhlichen Pfeifen erklingen, und Miami rief erneut:

„Oh, bleib, kleiner Papagei, und sag mir, wie ich mein süßes Kind retten kann, denn Gumbi, ihr Vater, schwört, dass er es töten wird."

„Bring es mir", antwortete der Papagei. „Aber lass mich zuerst einen kleinen Bananenstamm und zwei Stücke Zuckerrohr dazulegen, und dann werde ich es sicher zu seiner Großmutter bringen."

Der Papagei nahm der Königin ihr Kind ab, flog durch die Luft und kreischte noch fröhlicher als zuvor. In kurzer Zeit hatte er die kleine Prinzessin mit ihrem Bananenstängel und zwei Stücken Zuckerrohr in den Schoß der Großmama gelegt, die an der Tür ihres Hauses saß und sagte:

„Dieses Bündel enthält ein Geschenk von deiner Tochter, der Frau von Gumbi. Sie bittet dich, darauf aufzupassen und niemand aus deiner Familie es sehen zu lassen, sonst könnte sie vom König erschlagen werden. Und zur Erinnerung an diesen Tag bittet sie dich, an einem Ende den Bananenstamm in deinem Garten einzupflanzen und am anderen Ende die beiden Stücke Zuckerrohr, denn du könntest beides brauchen."

„Deine Worte sind gut und weise", antwortete die Oma, als sie das Baby in Empfang nahm.

Als die alte Frau das Bündel öffnete, entdeckte sie darin ein überaus hübsches Mädchen, rundlich und gelb wie eine reife Banane, mit großen schwarzen Augen und einem so strahlenden Lächeln im Gesicht, dass das Herz der Großmutter vor Zuneigung glühte.

Viele Jahreszeiten kamen und gingen. Kein Fremder kam vorbei, um Fragen zu stellen. Die Banane gedieh und wuchs zu einem Hain heran, und jeder Spross markierte den Ablauf einer Jahreszeit, und das Zuckerrohr gedieh ebenso prächtig, als Jahr für Jahr verging und das Kind zum Mädchen heranwuchs. Als die Prinzessin zu einer wunderschönen Jungfrau herangewachsen war, war die Großmutter so alt geworden, dass ihr die Ereignisse der Vergangenheit wie so viele Träume vorkamen, aber sie betete immer noch das Kind ihres Kindes an, kochte für sie, bediente sie, webte neue Grasmatten für ihr Bett und feine Grastücher für ihr Kleid, und jeden Abend, bevor sie sich zurückzog, wusch sie ihre zierlichen Füße.

Dann eines Tages, bevor ihre Ohren durch das Alter ganz verschlossen waren und ihre Glieder zu schwach geworden waren, um sie herumzutragen, kam der Papagei, der ihr das Kind gebracht hatte, und setzte sich auf einen Ast in der Nähe ihrer Tür, und nachdem er seine Begrüßung gepiept und gepfiffen hatte, rief er: „Die Zeit ist gekommen. Gumbis Tochter muss fortgehen und ihren Vater suchen. Statten Sie sie mit einer kleinen Trommel aus, bringen Sie ihr ein Lied bei, das sie singen kann, während sie darauf schlägt, und schicken Sie sie fort."

Dann kaufte Oma ihr eine kleine Trommel und brachte ihr ein Lied bei. Als sie alles gelernt hatte, bereitete sie ein neues Kanu mit Lebensmitteln vor – von den Bananen im Wald und dem Zuckerrohrfeld. Außerdem machte sie Kissen aus Grastuchsäcken, die mit Seiden-Baumwoll-Fäden ausgestopft waren, damit sie sich darauf ausruhen konnte. Als alles fertig war, umarmte sie ihre Enkelin und schickte sie unter vielen Tränen mit vier Dienstmädchen den Fluss hinunter.

Oma stand lange am Flussufer und sah zu, wie das kleine Kanu mit der Strömung verschwand. Dann drehte sie sich um, ging durch die Tür, setzte sich, schloss die Augen und begann an das schöne Leben zu denken, das sie

genossen hatte, als sie Miamis Kind betreute. Und während sie das tat, war
sie so erfreut, dass sie lächelte, und während sie lächelte, schlief sie ein und
erwachte nie wieder.

Doch als die Prinzessin hinabschwebte und ihre vor Kummer gequälten
Augen badete, begann sie an alles zu denken, was Großmutter sie gelehrt
hatte, und begann mit Flötenstimme zu singen, während sie auf ihre kleine
Trommel schlug:

> „Hört,   alle   Männer,
> auf das Lied, das ich singe. Ich bin Gumbis Kind,
> aufgewachsen in der Wildnis. Und ich kehre nach Hause
> zurück, wie ihr alle erfahren werdet, wenn meine kleine
> Trommel Gumbi sagt, dass ich gekommen, gekommen,
> gekommen bin."

Der Klang ihrer Trommel erregte die Aufmerksamkeit der Fischer, die mit
ihren Netzen beschäftigt waren. Als sie ein seltsames Kanu mit nur fünf
Frauen an Bord den Fluss hinuntertreiben sahen, näherten sie sich ihm. Als
sie sahen, wie schön die Prinzessin war, und ihre anmutige, geschmeidige
Gestalt in den Gewändern aus feinem Gras bemerkten, waren sie geneigt,
ihre Hände auf sie zu legen. Aber sie sang wieder:

„Ich   bin   Gumbis   Kind,
macht mir Platz; ich bin auf dem Weg nach Hause, macht
mir Platz.“

Da fürchteten sich die Fischer und belästigten sie nicht. Einer aber wollte die Nachricht als Erster dem König überbringen und dafür Gunst und Belohnung erlangen und eilte davon, um ihm zu sagen, dass seine Tochter ihn besuchen käme.

Die Nachricht versetzte König Gumbi in einen Zustand des Staunens, denn er hatte sich solche Mühe gegeben, alle weiblichen Kinder zu töten, und konnte sich nicht vorstellen, wie er der Vater einer Tochter sein könnte.

Dann schickte er einen flinken und vertraulichen Sklaven los, um Nachforschungen anzustellen, der bald zurückkam und ihm versicherte, dass das Mädchen, das zu ihm käme, seine eigene wahre Tochter sei.

Dann schickte er einen Mann los, der mit ihm aufgewachsen war und alles wusste, was an seinem Hof geschehen war. Auch er kam zurück und bestätigte alles, was der Sklave gesagt hatte.

Daraufhin beschloss er, selbst hinzugehen, und als er sie traf, fragte er:

„Wer bist du, Kind?“

Und sie antwortete: „Ich bin die einzige Tochter von Gumbi.“

„Und wer ist Gumbi?“

„Er ist der König dieses Landes“, antwortete sie.

„Gut, aber ich bin selbst Gumbi und wie kannst du meine Tochter sein?“, fragte er.

„Ich bin das Kind deiner Frau Miami, und nach meiner Geburt hat sie mich versteckt, damit ich nicht in den Fluss geworfen werde. Ich habe bei Großmama gelebt, die mich gestillt hat, und an der Zahl der Bananenstängel in ihrem Garten kannst du die Anzahl der Jahreszeiten erkennen, die seit meiner Geburt vergangen sind. Eines Tages sagte sie mir, die Zeit sei gekommen, und sie schickte mich los, um meinen Vater zu suchen. Ich stieg mit vier Dienern in das Kanu, und der Fluss trug mich in dieses Land.“

„Gut“, sagte Gumbi, „wenn ich nach Hause zurückkomme, werde ich Miami befragen und bald die Wahrheit Deiner Geschichte herausfinden. Aber was muss ich in der Zwischenzeit für Dich tun?“

„Meine Großmutter hat gesagt, dass du zum Treffen der Tochter mit dem Vater eine Ziege opfern musst“, antwortete sie.

Dann forderte der König sie auf, ans Ufer zu treten, und als er das Blitzen ihrer gelben Füße und das Schimmern ihres Körpers sah, der wie leuchtendes Gummi war, und als er auf die klaren, glatten Züge blickte und in die wundersamen schwarzen Augen sah, schmolz Gumbis Herz und er war erfüllt von Stolz, dass solch ein überaus schönes Geschöpf seine eigene Tochter sein sollte.

Aber sie weigerte sich, das Ufer zu betreten, bis eine weitere Ziege geopfert worden war, denn ihre Großmutter hatte gesagt, dass ihr Unglück widerfahren würde, wenn diese Zeremonien vernachlässigt würden.

Deshalb befahl der König, zwei Ziegen zu schlachten, eine für das Treffen mit seiner Tochter und eine, um das Unglück vor ihr zu vertreiben in dem Land, in dem sie zum ersten Mal ihre Füße ausruhen würde.

Als dies geschehen war, sagte sie: „Nun, Vater, es ist nicht recht, dass deine wiedergefundene Tochter ihre Füße auf dem Weg zum Haus ihres Vaters schmutzig macht. Du musst den ganzen Weg bis zur Tür meiner Mutter mit einem Grastuch bedeckt sein.“

Der König befahl daraufhin, ein Grastuch entlang des Weges zu den Frauengemächern auszubreiten, sagte aber nicht, zu welchem Eingang es führen sollte. Seine Tochter ging dann weiter, der König an ihrer Seite, bis sie alle Frauen des Königs sehen konnten, und dann rief Gumbi ihnen zu: „Eine von euch, so wurde mir gesagt, ist die Mutter dieses Mädchens. Schaut sie an und schämt euch nicht, sie zu besitzen, denn sie ist so vollkommen wie das Ei. Beim ersten Anblick fühlte ich mich wie ein Mann voller Freundlichkeit, also lasst die Mutter vortreten und sie beanspruchen, und lasst sie sich nicht durch eine Lüge zugrunde richten.“

Nun beugten sich alle Frauen nach vorn und wollten unbedingt sagen: „Sie ist mein, sie ist mein!" Aber Miami, die krank und schwach war, saß an der Tür und sagte:

„Führen Sie die Matte weiter bis zu meiner Tür, denn da ich fühle, dass mein Herz wie durch eine Schnur mit ihr verbunden ist, muss sie das Kind sein, das der Papagei mit einem Bananenstamm und zwei Stücken Zuckerrohr zu meiner Mutter trug."

„Ja, ja, du musst meine eigene Mutter sein!" rief die Prinzessin, und als die Grasdecke bis ins Innere des Hauses ausgebreitet war, lief sie nach vorne und schlang die Arme um sie.

Als Gumbi sie zusammen sah, sagte er: „Wahrlich, Gleichgestellte kommen immer zusammen. Ich sehe jetzt aus vielen Dingen, dass die Prinzessin Recht haben muss. Aber ich fürchte, sie wird nicht lange bei mir bleiben, denn eine Königstochter kann nicht viele Monde ohne Verehrer auskommen."

Obwohl Gumbi es für eine Kleinigkeit hielt, Kinder zu töten, die er nie gesehen hatte, kam es ihm nie in den Sinn, Miami oder der Prinzessin wehzutun. Im Gegenteil, er war von einer Freude erfüllt, von der er nie müde wurde zu sprechen. Er war sogar stolzer auf seine Tochter, deren schöne Gestalt und klare Augen ihn so bezauberten, als auf alle seine großen Söhne. Er bewies dies durch die Feste, die er für alle Menschen veranstalten ließ. Ziegen wurden gebraten und geschmort, die Fischer brachten unzählige Fische, die Bauern kamen beladen mit schweren Bananenstauden und Körben voller Yamswurzeln und Maniok und Töpfen voller Bohnen und

Wicken und Hirse und Mais und Honig und Palmöl, und was die Hühner betrifft – wer könnte sie zählen? Die Menschen hatten auch reichlich Palmsaft zu trinken und konnten sich so mit dem König über die Rückkehr der Prinzessin freuen.

Bald sprach sich in ganz Manyema herum, dass keine Frau so schön war wie Gumbis Tochter. Manche sagten, sie habe die Farbe einer reifen Banane, andere, sie sei wie fossiler Gummi, andere wie eine rötliche Ölnuss und wieder andere, ihr Gesicht habe mehr die Farbe des Mondes als alles andere. Dieser Ruf hatte zur Folge, dass sich fast alle jungen Häuptlinge des Landes um ihre Hand bewarben. Viele von ihnen hätten dem König gefallen, aber die Prinzessin war ihnen zuwider und ließ bekannt werden, dass sie niemanden heiraten würde außer dem jungen Häuptling, der durch Polieren seiner Zähne Matako (Messingstangen) herstellen konnte. Der König war darüber sehr amüsiert, aber die Häuptlinge starrten überrascht, als sie das hörten.

Der König rief die erlesensten jungen Männer des Landes zusammen und sagte ihnen, es sei sinnlos, auf eine Heirat mit der Prinzessin zu hoffen, wenn man nicht Messingstäbe durch Zähnereiben fallen lassen könne. Obwohl sie es für unmöglich hielten, dass jemand so etwas tun könne, fing jeder von ihnen an, seine Zähne heftig zu reiben, und als sie das taten, sah man, wie aus dem Mund eines von ihnen Messingstäbe auf den Boden fielen, und die Leute stießen ein lautes Staunen darüber aus.

Dann wurde die Prinzessin vorgeführt, und als der junge Häuptling aufstand, rieb er sich weiter die Zähne, und man hörte das Klingeln der Messingstäbe, als sie zu Boden fielen. Die Hochzeit wurde daher ordnungsgemäß durchgeführt, und es folgte eine weitere Reihe von Festen, denn der König war reich an Ziegen- und Schafherden, gut bestellten Feldern und Sklaven.

Doch als der erste Mond untergegangen war, sagte der Ehemann: „Kommt, lasst uns gehen, denn Gumbis Land ist kein Zuhause für mich."

Und ohne Gumbis Wissen bereiteten sie sich auf die Flucht vor und beluden ihr Kanu mit allem, was sie für eine lange Reise brauchten. Eines Nachts, kurz nach Einbruch der Dunkelheit, gingen sie an Bord und paddelten den Fluss hinunter. Eines Tages sah die Prinzessin, als sie auf ihren Kissen saß, eine seltsame Nuss in der Nähe des Kanus schwimmen. Sie sprang in den Fluss, um sie zu holen. Sie entzog sich ihrem Griff. Sie schwamm ihr nach, und der Häuptling folgte ihr, so gut er konnte, und rief ihr zu, sie solle zum Kanu zurückkehren, da gefährliche Tiere im Wasser seien. Aber sie schenkte ihm keine Beachtung und schwamm weiter hinter der Nuss her, bis sie gegenüber einem Dorf ankam. Dort wurde die Prinzessin von einer alten Frau begrüßt, die rief: „Ho, Prinzessin, ich habe, was du suchst. Sieh her."

Und sie hielt die Nuss in ihrer Hand. Dann ging die Prinzessin an Land, und ihr Mann machte sein Kanu am Ufer fest.

„Gib es mir", verlangte die Prinzessin und streckte ihre Hand aus.

„Es gibt eine Sache, die du für mich tun musst, bevor du es erlangen kannst."

„Was ist das?", fragte sie.

„Du musst deine Hände auf meine Brust legen, um mich von meiner Krankheit zu heilen. Nur so kannst du es erreichen", sagte die alte Frau.

Die Prinzessin legte ihre Hände auf ihre Brust und als sie das tat, wurde die alte Frau von ihrer Krankheit geheilt.

„Jetzt kannst du deine Reise antreten, aber vergiss nicht, was ich dir sage. Du und dein Mann müsst euch dicht an dieser Seite des Flusses halten, bis ihr neben einer Insel ankommt, die mitten in der Einfahrt zu einem großen See liegt. Denn das Ufer, das du suchst, ist auf dieser Seite. Dort wirst du für viele Jahre Frieden und Ruhe finden. Aber wenn du auf die andere Seite des Flusses gehst, wirst du verloren sein, du und dein Mann."

Dann gingen sie wieder an Bord und der Fluss floss gerade und glatt vor ihnen. Nach einigen Tagen stellten sie fest, dass die Seite, auf der sie sich befanden, unbewohnt war und dass ihre Vorräte aufgebraucht waren, aber die andere Seite war kultiviert und besaß viele Dörfer und Plantagen. Sie vergaßen den Rat der alten Frau, überquerten den Fluss zum gegenüberliegenden Ufer und bewunderten die Schönheit des Landes und erfreuten sich an den Gerüchen, die aus den Gärten und Plantagen kamen, und sie lauschten verträumt dem Wind, der die großen Bananenblätter zerknitterte und hin und her wirbelte, und bildeten sich ein, noch nie einen so blauen Himmel gesehen zu haben. Und während sie so träumten, siehe da! die Strömung des Flusses trug sie beide schnell mit sich, und sie sahen die Insel, die am Eingang zum großen See lag, und im Nu war die Schönheit des Landes, die sie bezaubert hatte, verschwunden, und jetzt hörten sie das donnernde Dröhnen des Wassers und sahen, wie es in großen Schwüngen nach oben brandete, und eine große Welle krümmte sich unter ihnen, und sie wurden hochgehoben, hoch, hoch, und fielen hinab in den tosenden Abgrund, und weder Häuptling noch Prinzessin wurden je wieder gesehen. Sie wurden beide von der Tiefe verschluckt.

„Ist *das* alles?", fragte Safeni, der der Geschichte atemlos zugehört hatte.

„Das ist alles", antwortete Katembo.

„Wieso, was ist das für eine Geschichte, die so endet?"

„Es ist nicht meins", antwortete Katembo. „Ich habe es genau so erzählt, wie ich es gehört habe, und es ist nicht gut, eine Geschichte abzuändern."

„Was ist dann der Zweck einer solchen Geschichte?", fragte Safeni gereizt.

„Warum, um die Leute davor zu warnen, ihren Neigungen zu folgen? Hat das Mädchen nicht ihren Vater gefunden? Hat ihr Vater sie nicht willkommen geheißen und der Mutter ihre große Freude verziehen? Hatte sie nicht ihren eigenen Ehemann gefunden? Hatte der junge Häuptling nicht das Glück, eine so schöne Frau zu besitzen? Warum sollten sie unzufrieden geworden sein? Warum sind sie nicht zu Hause geblieben, anstatt in fremde Länder zu wandern, von denen sie nichts wussten? Hat die alte Frau sie nicht vor dem gewarnt, was passieren würde, und ihnen gezeigt, wie sie wieder in Frieden leben könnten? Aber es war alles vergeblich. Wir wissen nie, wie wertvoll etwas ist, bis wir es verloren haben. Dem Eigensinnigen folgt immer das Verderben. Sie verließen ihr Zuhause und gingen zum Fluss, der Fluss war nicht still, sondern floss weiter, und da ihre Köpfe bereits voller eigener Gedanken waren, konnten sie keinen Rat befolgen. Aber Katembo ist zu Ende."

Kapitel Sechs.

Die Geschichte von Maranda.

„Meister", sagte Baruti, „ich habe mir große Mühe gegeben, mich an einige der anderen Legenden zu erinnern, die ich gehört habe, als ich noch ganz klein war, und jetzt fällt mir eine ein, die nicht sehr lang ist. Sie handelt von Maranda, der Frau eines der Basoko-Krieger namens Mafala."

Marandas Vater hieß Sukila und lebte im Dorf des Häuptlings Busandiya. Sukila besaß ein schönes großes Kanu und viele Paddel, die er mit seiner eigenen Hand geschnitzt hatte. Er besaß auch mehrere lange Netze, die er selbst hergestellt hatte, außerdem Speere, Messer, einen Vorrat an Grastüchern und ein paar Sklaven. Er genoss bei seinen Landsleuten hohes Ansehen und saß im Ratssaal an der Seite des Häuptlings.

Als das Mädchen heranwuchs und heiratsfähig wurde, dachte Mafala, sie würde ihm als Ehefrau passen, und sprach mit Sukila darüber, der eine Sklavin verlangte, sechs lange Paddel mit Elfenbeinkappen, sechs Ziegen, so viele Grastücher wie er Finger und Zehen hatte, einen neuen Schild, zwei Äxte und zwei Feldhacken. Mafala versuchte, die Forderung zu mindern, und ging oft hin und her, um mit Sukila Pfeife zu rauchen und ihn dazu zu bringen, weniger anspruchsvoll zu sein. Aber der alte Mann wusste, dass seine Tochter den Preis wert war, den er für sie verlangt hatte, und dass sie, wenn er Mafala abwies, nicht lange ohne Verehrer bleiben würde. Denn ein Mädchen wie Maranda sieht man bei den Basokos nicht oft. Ihre Glieder waren rund und glatt und endeten in dünnen, kleinen Händen und Füßen. Die jungen Männer sprachen oft von Marandas leichten, geraden Füßen und ihrem schnellen Schritt. Die schmale Taille hätte mühelos mit einem Jungenarm umschlossen werden können, und die Art, wie sie ihren Kopf trug, der geschmeidige Hals und der klare Blick in ihren Augen gehörten nur Maranda.

Mafala dagegen war ihr merkwürdigerweise ganz anders. Er schien immer auf etwas fixiert zu sein, und die Falten zwischen den Augenbrauen verliehen ihm ein strenges Gesicht, das nicht angenehm anzusehen war, und man konnte immer etwas in seinen Augen erkennen, das einen an das Glitzern in den Augen einer Schlange denken ließ.

Vielleicht war das einer der Gründe, warum Sukila ihn nicht zum Mann seiner Tochter haben wollte. Jedenfalls wollte er seinen Preis nicht um ein Grastuch senken, und schließlich wurde es bezahlt, und Maranda wechselte aus dem Haus ihres Vaters in das ihres Mannes.

Bald nach der Hochzeit hörte man Maranda schreien und man flüsterte, sie habe in wenigen Tagen viel über Mafala gelernt und man habe Schläge wie von einer Rute gehört. Ein halber Mond verging und dann wusste das ganze Dorf, dass Maranda wegen der Misshandlung durch ihren Mann in Busandiyas Haus geflohen war. In einem solchen Fall ist es Brauch, dass der Vater die Mitgift seiner Tochter behält, und wenn es stimmt, dass eine Frau das Leben mit ihrem Mann zu hart findet, kann sie den Schutz des Häuptlings suchen, und der Häuptling kann sie einem anderen Mann geben, der sie anständig behandelt.

Doch bevor der Häuptling den Mann ausgewählt hatte, dem er sie geben würde, ging Mafala zu einem Krokodil – denn es stellte sich heraus, dass es ein Mganga war, ein Hexer, der es sowohl mit Reptilien an Land als auch mit Flussungeheuern zu tun hatte – und er handelte mit ihm einen Handel aus, er solle sie fangen, wenn sie zum Fluss käme, um sich zu waschen, und sie zu einer bestimmten Stelle am Flussufer tragen, wo ein hoher Baum mit einem großen Loch darin stand.

Das Krokodil wartete auf seine Chance, und als Maranda eines Morgens das Wasser besuchte, packte er sie bei der Hand, hob sie auf seinen Rücken und trug sie zu dem Versteck im hohlen Baum. Dort ließ er sie dann zurück, schwamm gegenüber dem Dorf hinunter und signalisierte Mafala, dass er seinen Teil der Abmachung erfüllt hatte.

Als das Krokodil weg war, sah sich Maranda in dem Loch um und sah, dass sie in einer Art Grube war, aber weiter oben verengte sich die Mulde wie der Hals eines Kürbis, und sie konnte Laub und ein Stück Himmel sehen. Sie beschloss hinaufzuklettern, und obwohl sie sich sehr kratzte, schaffte sie es schließlich, ganz nach oben zu gelangen und hinaus an die Luft zu kriechen. Der Baum war sehr groß und hoch, und die Äste breiteten sich weit aus, und sie waren beladen mit den schweren Früchten, die Elefanten so gern mögen (die Jackfrucht). Zuerst dachte sie, dass sie wegen so vieler dieser großen Früchte nicht verhungern könnte; dann, als sie groß und schwer waren, kam ihr die Idee, dass sie zu ihrer Verteidigung nützlich sein könnten, und sie sammelte eine große Menge davon und legte sie in einem Haufen auf einige Stöcke, die sie quer über die Äste gelegt hatte.

Bald darauf kam Mafala und entdeckte sie hoch oben im Laubwerk. Nachdem er sie verhöhnt hatte, begann er, auf den Baum zu klettern. Doch als er erst auf halber Höhe war, hob Maranda eine der schweren Früchte hoch und warf sie ihm auf den Kopf. Er fiel mit durcheinandergewirbelten Sinnen und schwer verletztem Rücken zu Boden. Als er wieder zu sich kam, bat er das Krokodil um Hilfe und versuchte hinaufzuklettern. Doch als er nur ein kleines Stück hinaufgestiegen war, ließ Maranda ihm eine der Elefantenfrüchte direkt auf die Schnauze fallen, woraufhin er nach hinten fiel. Mafala bat dann zwei große Schlangen, hinaufzuklettern und sie herunterzuholen, doch Maranda begegnete ihnen mit einer der schweren Früchte nach der anderen und sie waren froh, sie in Ruhe zu lassen. Dann ging der Mann fort, um einen Leoparden zu suchen, doch während er weg war, sah Maranda von ihrem Baum aus ein Kanu auf dem Fluss mit zwei jungen Fischern darin und schrie laut um Hilfe. Die Fischer paddelten dicht ans Ufer und fanden heraus, dass es Sukilas Tochter, die Frau von Mafala, war, die allein auf einem hohen Baum saß. Sie warteten lange genug, um ihre Geschichte zu hören, und kehrten dann ins Dorf zurück, um Hilfe zu holen.

Busandiya war sehr erstaunt, als sie die Neuigkeiten der Fischer hörte, und schickte sofort ein Kriegskanu voller bewaffneter Männer, angeführt von dem Vater, Sukila, um sie zu retten. Mit Hilfe von Rattankletterern gelang es ihnen, sie zu erreichen und sicher herunterzubringen. Während einige der Kriegstruppe sich aufmachten, Mafala zu finden, hielten die anderen nach dem Krokodil und den beiden Schlangen Ausschau. Kurz darauf wurde der grausame Mann gesehen und gefangen und, mit grünen Weiden gefesselt, ans Flussufer gebracht. Seine Beine und Arme wurden fest zusammengebunden, und nachdem die Basoko Maranda ihre Geschichte von Anfang an hatte wiederholen lassen und Sukila die Art der Hochzeit erzählt hatte, suchten sie nach großen Steinen, die sie an seinem Hals befestigten; und sie hoben ihn in das Kriegskanu und paddelten in die Mitte des Flusses, wo sie einen Todesgesang sangen; danach warfen sie Mafala über Bord und man hörte nie wieder von ihm. Das ist alles, was es über die Geschichte von Maranda zu erfahren gibt.

Kapitel Sieben.

Die Geschichte von Kitinda und ihrem weisen Hund.

In einer anderen Nacht erzählte uns Baruti, dessen Gedächtnis durch die Belohnung für eine Geschichte, die es wert war, in das Buch des Meisters geschrieben zu werden, aufgefrischt worden war, so gut von Kitinda und ihrem weisen Hund, dass er allgemein als einer der besten Geschichtenerzähler anerkannt wurde.

Aber er hatte es mir mit dem Bleistift in der Hand nicht so gut einstudiert, wie er es mir am Lagerfeuer vorgetragen hatte. Es störte ihn, als ich ihn bat, es mir etwas langsamer zu diktieren, und er zeigte deutliche Anzeichen von Unaufmerksamkeit, als er aufgefordert wurde, einen Satz zweimal zu wiederholen. Ich kann mir nur einbilden, dass es den Sinn des Gesagten wiedergibt.

Kitinda, eine Frau aus den Basoko, die in der Nähe des Aruwimi-Flusses lebten, besaß einen Hund, der für seine Intelligenz bemerkenswert war. Man sagte, er sei so schlau, dass Fremde seine Bewegungen so gut verstanden, als ob er mit ihnen spräche; und Kitinda, die mit seinem Verhalten und den Tönen seines Winselns, seines Jaulens und seines Bellens vertraut war, konnte sich mit ihm genauso leicht unterhalten wie mit ihrem Mann.

An einem Markttag verabredeten sich die Herrin und ihr Hund, zusammen hinzugehen, und unterwegs erzählte sie ihm alles, was sie tun und sagen wollte, um ihre Produkte gegen andere Dinge einzutauschen, die sie zu Hause brauchte. Ihr Hund hörte mitfühlend zu, und dann teilte er ihr auf seine Weise mit, wie sehr er ihr hing und dass es nie einen besseren Freund als ihn gegeben habe; und er bat sie, dass sie es ihm sagen solle, wenn sie jemals in Not wäre, und dass er ihr mit aller Kraft helfen würde. „Nur", sagte er, „wenn ich nicht Angst vor den Folgen hätte, wenn ich zu schlau wäre, hätte ich Ihnen öfter und viel mehr dienen können, als ich es getan habe."

„Was meinst du?", sagte Kitinda.

„Nun, wissen Sie, bei den Basoko wird angenommen, dass jemand, der zu schlau, zu glücklich oder zu reich ist, durch Hexerei dazu gekommen ist, und die Leute werden deshalb verbrannt. Mir gefällt die Vorstellung nicht, verbrannt zu werden – und deshalb habe ich oft davon Abstand genommen, Ihnen zu helfen, weil ich befürchtete, Sie könnten Ihre Überraschung nicht verbergen und mit den Dorfbewohnern darüber reden. Dann sagten die Leute eines Tages nach einer wirklich bemerkenswerten Klugheitsaktion meinerseits: ‚Ha! Das ist kein Hund. Das kann kein Hund getan haben! Er muss ein Dämon sein – oder eine Hexe im Hundefell!' und natürlich nahmen sie mich und verbrannten mich."

„Wie unfreundlich von Ihnen, so etwas von mir zu denken! Wann habe ich das letzte Mal über Sie geplaudert? Ich habe tatsächlich zu viel zu tun, meine Hausarbeit, meine Pflanzung und mein Marketing nehmen mich so in Anspruch, dass ich keine Zeit finde, über meinen Hund zu tratschen."

„Nun, es ist bereits bekannt, dass ich klug bin, und ich zittere oft, wenn Fremde mich ansehen und bewundern, aus Angst, irgendein Wirrkopf könnte meinen, er sehe in mir mehr als nur ungewöhnliche Intelligenz. Was würden sie jedoch sagen, wenn sie wirklich wüssten, wie scharfsinnig ich bin? Den Ruf, den ich besitze, habe ich nur durch Ihre Zuneigung zu mir erlangt, aber ich versichere Ihnen, dass ich dieses Übermaß an Zuneigung fürchte, weil es für Sie und für mich tödlich enden könnte."

„Aber bist du wirklich so viel klüger, als du es bisher gezeigt hast? Wenn ich dir verspreche, dass ich nie wieder mit jemandem über dich spreche, wirst du mir dann mehr helfen, als du es bisher getan hast, wenn ich in Not bin?"

„Sie sind eine Frau und könnten das Reden nicht unterdrücken, auch wenn Sie es noch so sehr versuchten."

„Jetzt schau her, mein Hund. Ich schwöre dir, dass ich, egal was du an Seltsamem tust, sterbe und dass das erste Tier, das mir begegnet, mich tötet, wenn ich ein Wort spreche. Du wirst jetzt sehen, dass Kitinda ihr Wort hält."

„Also gut, ich nehme dich beim Wort. Ich bin dir jederzeit zur Verfügung, wenn du Hilfe brauchst, und wenn du auch nur einer Seele von meinen Diensten erzählst, bist du bereit, dein Leben durch das erste Tier zu verlieren, das dir über den Weg läuft."

So schlossen sie auf ihrer Reise zum Markt eine feierliche Vereinbarung.

Kitinda verkaufte an diesem Tag ihr Palmöl und ihr Geflügel mit großem Gewinn und erhielt dafür Schlafmatten, ein paar geschnitzte Hocker, einen Sack Maniokmehl, zwei große, gut gebackene und polierte Töpfe, ein Bündel reifer Bananen, ein paar gute Plantagenhacken und einen großen, stabilen Korb.

Nachdem der Markt vorbei war, sammelte sie ihre Einkäufe zusammen und versuchte, sie in den Korb zu legen, aber die großen Töpfe und geschnitzten Hocker machten ihr große Schwierigkeiten. Das Mehl, die Hacken und die Bananen konnte sie mit den Matten als Abdeckung sehr gut darauf legen, aber die Hocker und die Töpfe bereiteten ihr große Schwierigkeiten.

Ihr Hund war in der Zwischenzeit weg gewesen und hatte es geschafft, eine junge Antilope zu töten, die er in ihre Nähe geschleift hatte. Er sah sich um und sah, dass der Markt vorbei war und die Leute nach Hause zurückgekehrt waren, während seine Herrin besorgt Pläne gemacht hatte, wie sie ihr Eigentum verpacken sollte.

Er hörte, wie sie sich über ihre Torheit beklagte, so unhandliche und schwere Dinge zu kaufen, und sich fragte, wie sie damit nach Hause kommen sollte.

Der Hund hatte Mitleid mit ihr und galoppierte davon. Er fand einen Mann mit leeren Händen, den er umschmeichelte und dessen Hände er leckte. Als er ihn streichelte, klammerte er sich mit den Zähnen an sein Tuch und zog ihn sanft mit sich – er wedelte mit dem Schwanz und sah sehr liebenswürdig aus. Er machte so weiter, bis der Mann sah, wie Kitinda sich über ihre Schwierigkeiten ärgerte, verstand, was er wollte, und anbot, die Stühle und Krüge an jedem Ende seines langen Stabes über seinen Schultern zu tragen, um ein paar reife Bananen und ein Quartier zu bekommen. Seine Hilfe wurde mit Freude angenommen, und Kitinda konnte so nach Hause gelangen. Unterwegs erzählte der Mann ihr, wie es dazu gekommen war, dass er auf den Marktplatz zurückgekehrt war.

Kitinda war sofort versucht, sich über die bekannte Klugheit ihres Hundes auszulassen, erinnerte sich aber rechtzeitig an ihr Versprechen, nicht mit ihm zu prahlen. Als sie jedoch das Dorf erreichte und die Hausfrauen aus ihren Häusern kamen und darauf brannten, die Neuigkeiten vom Markt zu hören, vergaß sie in ihrem Eifer, der einen und der anderen alles zu erzählen, was ihr passiert war und was sie gesehen und gehört hatte, ihr Gelübde vom Morgen und begann sofort, den letzten wunderbaren Trick ihres Hundes zu erzählen, als er einen Mann zurück auf den Marktplatz schleppte, um ihr zu helfen, als sie dachte, dass ihr gesamter Handelsgewinn verloren gehen würde, und als sie im Begriff war, in ihrer Wut ihre schönen Töpfe zu zerschlagen.

Der Hund hörte ihrer Erzählung zu, sah die Zeichen des Staunens auf den Gesichtern der Frauen, hörte, wie sie nach ihren Männern riefen, sah, wie die Männer eifrig auf sie zukamen, sah, wie sie ihn alle mit zusammengekniffenen Augen ansahen, hörte, wie ein Mann ausrief: „Das kann kein Hund sein! Das ist ein Dämon im Fell eines Hundes. Er –"

Aber der Hund hatte genug gehört. Er drehte sich um, rannte in den Wald und wurde in dem Dorf nie wieder gesehen.

Am nächsten Markttag nahm Kitinda noch etwas Palmöl und ein paar Hühner mit und verließ ihr Haus, um sie für andere häusliche Zwecke zu verwenden. Als sie etwa auf halbem Weg war, kam ihr Hund aus dem Wald, und nachdem er sie beschuldigt hatte, ihn an ihre dummen Landsleute verraten und so Gutes mit Bösem vergolten zu haben, sprang er auf sie und riss sie in Stücke.

Kapitel Acht.

Die Geschichte des Prinzen, der darauf bestand, den Mond zu besitzen.

„Herr", sagte Baruti eines Abends, „heute ist mir eine andere Geschichte eingefallen, die mir vor langer Zeit von einem alten Mann unter den Basoko erzählt wurde. Ich bezweifle, dass sie Ihnen gefallen wird, aber da Sie eine weitere Legende aus meinem Land hören möchten, sollen Sie die Geschichte so hören, wie sie mir erzählt wurde."

Das Land, das heute vom Stamm der Basoko bewohnt wird, hieß früher Bandimba. Ein König namens Bahanga war sein einziger Herrscher. Er hatte ein Haus voller Frauen, aber leider waren alle seine Kinder weiblichen Geschlechts, was er als großes Übel ansah und worüber er sich häufig beklagte. Seine Untertanen hingegen waren mit mehr Söhnen als Töchtern gesegnet, und diese Tatsache vergrößerte den Kummer des Königs und ließ ihn die gemeinsten seiner Untertanen beneiden. Eines Tages jedoch heiratete er Bamana, die jüngste Tochter seines obersten Häuptlings, und wurde schließlich Vater eines männlichen Kindes. Er war sehr glücklich, und sein Volk freute sich über sein Glück.

Der Prinz wuchs zu einem Wunder an Kraft und Schönheit heran, und sein Vater verehrte ihn so sehr, dass er seine Macht auf seltsame Weise mit dem Jungen teilte. Der König behielt sich die Autorität über alle Verheirateten vor, während die Untertanen des Prinzen aus denen bestanden, die noch nicht verheiratet waren. So kam es, dass der Prinz über mehr Leute herrschte als sein Vater, denn die Kinder waren natürlich zahlreicher als die Eltern. Aber trotz all der Ehre, die ihm zuteil wurde, war der Prinz nicht glücklich. Je mehr er erlangte, desto mehr wollte er besitzen. Seine Augen brauchten nur etwas zu sehen, um den alleinigen Besitz zu begehren. Jeden Tag stellte er seinem Vater eine oder mehrere Bitten, und wegen seiner großen Liebe zu ihm hatte der König nicht das Herz, ihm etwas abzuschlagen. Tatsächlich ließ er sich überreden, seinem Sohn so viele Geschenke zu machen, dass er kaum etwas für sich selbst behielt.

Eines Tages spielte der Prinz mit der Jugend seines Hofes und zog sich nach dem Spiel in den Schatten eines Baumes zurück, um sich auszuruhen, und seine Gefährten setzten sich in respektvollem Abstand von ihm in einen Kreis. Dann überkam ihn ein Anflug von Stolz, als er an seine große Macht dachte, an die Zahl und Vielfalt seiner Schätze, und er rief prahlerisch aus, dass es nie einen Jungen gegeben habe, der so groß, so reich und von seinem Vater so begünstigt war wie er. „Mein Vater", sagte er, „kann mir nichts abschlagen. Ich muss nur darum bitten, und es wird mir gegeben."

Dann sagte ein kleiner, schlanker Junge mit dünner Stimme: „Es ist wahr, Prinz. Dein Vater war sehr gut zu dir. Er ist ein mächtiger König und er ist ebenso großzügig wie groß. Dennoch weiß ich eines, das er dir nicht geben kann – und es ist sicher, dass du es nie besitzen wirst."

„Was ist das für ein Ding, das ich nicht mein Eigen nennen darf, wenn ich es sehe – und was ist es, das der König mir nicht geben kann?", fragte der Prinz verärgert.

„Es ist der Mond", antwortete der kleine Junge. „Und du musst selbst zugeben, dass der König nicht die Macht hat, ihn dir zu geben."

„Zweifelst du daran?", fragte der Prinz. „Ich sage dir, ich werde es besitzen, und ich werde jetzt hingehen und es von meinem Vater einfordern. Ich werde ihm keine Ruhe lassen, bis er es mir gibt."

Nun ist es so, dass wir Schätze, die uns bereits gehören, nicht so sehr schätzen wie solche, die wir noch nicht haben. So war es auch bei diesem verwöhnten Prinzen. Die Erinnerung an die vielen Geschenke seines Vaters verschwand aus seinem Gedächtnis, und ihr Wert war nicht mit diesem neuen Spielzeug zu vergleichen – dem Mond –, an den er nie zuvor gedacht hatte und den er jetzt so heiß begehrte.

Er fand den König dabei vor, wie er wichtige Angelegenheiten mit den alten Männern besprach.

„Vater", sagte er, „gerade eben, als ich mit meinen Gefährten zusammen war, wurde ich verspottet, weil ich den Mond nicht unter meinen Spielsachen hatte, und es hieß, es läge außerhalb deiner Macht, ihn mir zu geben. Nun beweise, dass dieser Junge ein Lügner ist, und besorge mir den Mond, damit ich ihn ihnen zeigen und mich deines Geschenks rühmen kann."

„Was sagst du, mein Sohn, du willst den Mond?", fragte der erstaunte König.

„Ja. Bring es mir doch sofort, ja?"

„Aber, mein Kind, der Mond ist so weit oben. Wie sollen wir ihn jemals erreichen?"

„Ich weiß es nicht. Aber du warst immer gut zu mir und würdest mir diesen Gefallen sicher nicht abschlagen, Vater?"

„Ich fürchte, meine Lieben, dass wir euch den Mond nicht schenken können."

„Aber, Vater, ich muss ihn haben; ohne ihn wäre mein Leben nicht lebenswert. Wie kann ich es wagen, meinen Gefährten noch einmal gegenüberzutreten, nachdem ich vor ihnen stolz mit deiner Macht und Güte geprahlt habe? Es gab nur eine Sache, von der der kecke Junge dort sagte, ich

dürfe sie nicht haben, und das war der Mond. Jetzt ist meine Seele darauf
versessen, diesen Mond zu besitzen, und du musst ihn mir beschaffen, sonst
werde ich sterben.“

„Nein, mein Sohn, sprich nicht vom Tod. Es ist ein hässliches Wort,
besonders wenn es um meinen Prinzen und Erben geht. Weißt du noch nicht,
dass ich nur für dich lebe? Sei beruhigt. Ich werde alle weisen Männer des
Landes zusammenrufen und sie um Rat bitten. Wenn sie sagen, dass der
Mond erreicht und zu uns heruntergebracht werden kann, sollst du ihn
haben.“

Dementsprechend wurde zum allgemeinen Palaver die große Staatstrommel
geblasen, und zwanzig Ausrufer zogen durch die Städte und schlugen dabei
ihre kleinen Trommeln, und die Boten brachten alle Weisen und Ältesten
eilig zum König.

Als alle versammelt waren, verkündete der König, er wolle wissen, wie man
den Mond erreichen könne und ob man ihn von seinem Platz am Himmel
verschieben und auf die Erde bringen könne, damit er ihn seinem einzigen
Sohn, dem Prinzen, schenken könne. Wenn ein weiser Mann anwesend sei,
der ihm sagen könne, wie das gehe, und sich verpflichte, ihn ihm zu bringen,
werde er ihm seine schönste Tochter zur Frau geben und ihn mit großen
Reichtümern ausstatten.

Als die Weisen diesen seltsamen Vorschlag hörten, waren sie sprachlos vor
Erstaunen, denn niemand im Basoko-Land hatte je davon gehört, dass
jemand höher in die Luft stieg als ein Baum, und die Annahme, dass jemand
so hoch wie der Mond steigen könnte, war ihrer Meinung nach schlichter
Wahnsinn. Der Respekt vor dem König ließ sie jedoch schweigen, obwohl
ihre Blicke sehr deutlich waren.

Doch während jeder Mann seinen Nachbarn noch verwundert ansah, stand
einer der Weisen, der zu den Jüngsten unter den Anwesenden gehörte, auf
und sagte:

„Ein langes Leben für den Prinzen und seinen Vater, den König! Wir haben
die Worte unseres Königs Bahanga gehört, und sie sind gut. Ich – ja ich –
sein Sklave – bin in der Lage, den Mond zu erreichen und dem Willen des
Königs zu gehorchen, wenn die Autorität des Königs mir dabei hilft.“

Die selbstbewusste Haltung des Mannes und der sichere Klang seiner Stimme
ließen die anderen Weisen, die so bereitwillig geglaubt hatten, der König und
der Prinz seien verrückt, beschämt werden, und sie wandten ihm neugierig
ihre Gesichter zu, mehr als bereit zu glauben, dass die Sache doch möglich
war. Auch der König verlor seinen verwirrten Blick und schien erleichtert.

„Sagen Sie weiter. Wie können Sie Ihr Versprechen einhalten?“

„Wenn es dem König gefällt“, antwortete *der* Mann kühn, „werde ich vom Gipfel des hohen Berges in der Nähe des Katarakts von Panga aufsteigen. Aber zuerst werde ich dort ein hohes Gerüst errichten, dessen Basis so breit sein soll wie der Berggipfel, und auf diesem Gerüst werde ich ein weiteres errichten, und auf dem zweiten werde ich ein drittes errichten, und so weiter und so weiter, bis meine Schulter den Mond berührt.“

„Aber ist es möglich, auf diese Weise den Mond zu erreichen?“, fragte der König zweifelnd.

„Ganz gewiss, wenn ich genügend Gerüste übereinander errichten würde, aber dazu wären Unmengen an Holz und ein großes Heer von Arbeitern nötig. Wenn der König es befiehlt, wird die Arbeit getan.“

„Dann sei es so“, sagte der König. „Ich stelle jeden arbeitsfähigen Mann im Königreich in Ihren Dienst.“

„Ach, aber alle Männer in deinem Königreich reichen nicht aus, oh König. Alle erwachsenen Männer werden benötigt, um die Bäume zu fällen, das Holz zurechtzuschneiden und es zur Baustelle zu bringen; und jede erwachsene Frau wird benötigt, um das Essen für die Arbeiter zuzubereiten; und jeder Junge muss Wasser tragen, um seinen Durst zu stillen, und Rindenseile, um die Balken zusammenzubinden; und jedes Mädchen, ob groß oder klein, muss auf die Felder geschickt werden, um Maniok zum Essen anzubauen. Nur auf diese Weise kann der Prinz den Mond als sein Spielzeug erhalten.“

„Ich sage also: Lasst es so geschehen, wie Ihr denkt, dass es geschehen sollte. Alle Männer, Frauen und Kinder des Königreichs widme ich diesem Dienst, damit mein einziger Sohn genießen kann, was er sich wünscht.“

Dann wurde in den weiten Landen der Bandimba ausgerufen, dass sich alle Leute versammeln sollten, um sofort mit der Arbeit zu beginnen, den Mond für den Königssohn zu beschaffen. Und der Wald wurde abgeholzt, und während einige der Arbeiter die Bäume zurechtschnitten, gruben andere tiefe Löcher in den Boden, um eine breite und sichere Basis für das untere Gerüst zu schaffen; und die Jungen wickelten Tausende von Seilen aus Rinde, Palmfasern und zähem Gras, um die Balken zusammenzubinden; und die Mädchen, große und kleine, hackten den Boden um und pflanzten die Manioksträucher und Stecklinge von Bananen und Kochbananen und säten das Getreide; und die Frauen kneteten das Brot und kochten das Gemüse und rösteten grüne Bananen als Nahrung für die Arbeiter. Und alle Bandimba mussten jeden Tag hart schuften, damit ein verwöhnter Junge den Mond als Spielzeug haben konnte.

Binnen weniger Tage stand das erste Gerüst so hoch wie die höchsten Bäume, nach wenigen Wochen war das Bauwerk viele Pfeilflüge hoch gewachsen, nach zwei Monaten war es so erhaben, dass man die Spitze mit bloßem Auge nicht mehr erkennen konnte. Der Ruhm des wunderbaren Holzturms, den die Bandimba bauten, sprach sich weithin herum, und die befreundeten Nationen der Umgebung schickten Boten, um ihn sich anzusehen und zu berichten, was für eine verrückte Sache die Bandimba vorhatten, denn durch Gerüchte waren so viele gegensätzliche Geschichten unter den Leuten verbreitet worden, dass Fremde nicht wussten, was sie glauben sollten. Einige sagten, es sei wahr, dass alle Bandimba verrückt geworden seien, doch einige von denen, die gekommen waren, um es mit eigenen Augen zu sehen, lachten, während andere anfingen, sich Sorgen zu machen. Alle jedoch bewunderten die Größe und wunderten sich über die Höhe des Turms.

Im sechsten Monat war die Spitze des höchsten Gerüsts so hoch, dass die Leute selbst an den klarsten Tagen nicht einmal bis zur Hälfte sehen konnten. Und es hieß, dass es so hoch war, dass der Chefingenieur vorhersagen konnte, wann er den Mond berühren würde.

Die Arbeiten gingen weiter, und schließlich gab der Ingenieur bekannt, dass es in ein paar Tagen fertig sein würde. Jeder glaubte ihm, und die umliegenden Nationen schickten weitere Leute, um bei der Fertigstellung des großen Turms dabei zu sein und zu beobachten, was geschehen würde. Im ganzen Land und den angrenzenden Ländern gab es nur einen weisen Mann, der voraussah, welche Schäden entstehen würden, wenn der Mond von seinem Platz verschoben würde, und dass wahrscheinlich alle diese törichten Menschen in der Nähe des Turms vernichtet würden. Aus Angst vor einem schrecklichen Unglück beschloss er, die Bandimba zu verlassen, bevor es zu spät sein würde. Dann brachte er seine Familie in ein Kanu, und nachdem er es mit ausreichend Proviant beladen hatte, ging er an Bord, und in der Nacht trieb er den Fluss Aruwimi hinunter und in den großen Fluss hinein, und setzte seine Reise Tag und Nacht fort, so schnell die Strömung ihn trug – weit, weit unter allen den Bandimba bekannten Ländern. Eine Woche später, nach der Flucht des weisen Mannes und seiner Familie, ließ der Chefingenieur dem König ausrichten, dass er bereit sei, den Mond herunterzuholen.

„Es ist gut", antwortete der König von unten. „Ich will hinaufsteigen, um zu sehen, wie Ihr es anstellt."

Innerhalb von zwanzig Tagen erreichte der König die Spitze des Turms, und als er endlich neben dem Ingenieur stand, legte er seine Hand auf den Mond, und dieser fühlte sich außerordentlich heiß an. Dann befahl er dem Ingenieur, ihn herunterzunehmen. Der Mann legte eine Anzahl kalter Rindenrollen über seine Schulter und versuchte, ihn zu lösen; aber da er fest befestigt war, wandte er so viel Kraft auf, dass er ihn zerbrach, und es gab eine Explosion, deren Feuer und Funken ihn versengten. Das Holz, auf dem der König und seine Häuptlinge standen, begann zu brennen, und viele weitere Berstgeräusche waren zu hören, und Feuer und geschmolzenes Gestein flossen in einem stetigen Strom durch das Gerüst, bis das ganze Holzwerk in Flammen stand und die Flammen zwischen den Pfosten und Böcken des Holzes in einem riesigen Feuerhaufen emporstiegen; und jeder Mann, jede Frau und jedes Kind wurde in einem Augenblick völlig verzehrt. Und die Hitze war so groß, dass sie den Mond beeinflusste, und ein großer Teil davon stürzte auf die Erde, und sein glühend heißes Material floss wie ein großer Feuerfluss über den Boden, so dass der größte Teil des Landes der Bandimba zu Asche verbrannte. Für diejenigen, die nicht vom Rauch erstickt oder vom Feuer verbrannt wurden und vor dem brennenden Fluss flohen, war die Wirkung sehr wundersam. Diejenigen von ihnen, die erwachsen waren, Männer und Frauen, verwandelten sich in Gorillas und alle Kinder in verschiedene Arten von langschwänzigen Affen.

Der alte Mann, der mir diese Geschichte erzählte, sagte am Ende zu uns, die wir seinen Worten mit offenem Mund zuhörten:

„Freunde, wenn ihr an der Wahrheit dessen zweifelt, was ich gesagt habe, braucht ihr nur den Vollmond anzuschauen, und dann seht ihr in einer klaren Nacht vielleicht einen merkwürdigen dunklen Teil auf seiner Oberfläche, der oft aussieht, als ob sich spitze Berge darin befänden, und oft sehen die dunklen Flecken aus wie irgendwelche Haustiere; und dann werdet ihr euch oft einbilden, auf dem Mond die Umrisse eines menschlichen Gesichts zu sehen, aber diese dunklen Flecken sind nur die Löcher, die der Mann in den Mond gemacht hat, als er seine Schultern hindurchgezwängt hat. Daran werdet ihr erkennen, dass ich euch nicht belogen habe. Seit jenem schrecklichen Tag, als der Mond zerplatzte und das Bandimba-Land vernichtet wurde, haben Eltern nicht die Angewohnheit, ihren Kindern alles zu gewähren, worum sie bitten, sondern nur solche Dinge, von denen sie aufgrund ihres Alters und ihrer Erfahrung wissen, dass sie gut für ihre Kleinen sind. Und wenn kleine Kinder sich mit solchen Dingen nicht zufrieden geben, sondern ihre Eltern ärgern und bedrängen, ihnen Dinge zu geben, von denen sie wissen, dass sie ihnen schaden, dann ist es bei allen weisen Leuten Brauch, sie mit der Rute zu schlagen, um ihnen die bösen Gedanken aus dem Kopf zu vertreiben."

„Aber, Baruti", sagte ein Sansibari, der die Geschichte glaubte, denn er hatte nicht oft die dunklen Flecken auf dem Mond gesehen, „was ist aus Bahanga und dem kleinen Prinzen geworden?"

„Nach dem Ingenieur der Bauarbeiten starben als Erste der König und der Prinz, deren Torheit das Land ins Verderben gestürzt hatte."

Kapitel Neun.

Wie Kimyera König von Uganda wurde.

Kadu war ein gebürtiger Ugander, der mit einem jungen Sansibari seines Alters Blutsbruderschaft geschlossen hatte und um Erlaubnis bat, an unserer Expedition von 1874-77 teilzunehmen. Er überlebte die Gefahren der Kongo-Landung, meldete sich 1879 erneut und diente treu weitere drei Jahre in Afrika. Danach begleitete er Herrn HH Johnston bei seinem Besuch des Kilimandscharo und erwies sich ihm gegenüber als ebenso ergeben, wie er es sieben Jahre lang mir gegenüber gewesen war. Als wir beim Straßenbau entlang der Ufer des Kongo die Sansibar-Sprache gründlich beherrschten, unterhielt er uns mit seinen bemerkenswerten Legenden. Nach seinem Landsmann Sabadu war er der Unterhaltsamste.

Eine der ersten Geschichten, die er uns erzählte, handelte von Kimyera, einem König von Uganda, der aufgrund seiner Jagdkünste den Namen Nimrod dieses Landes verdient. Sie lautete wie folgt:

Vor vielen Jahrhunderten regierte Uni als König über Unyoro, ein großes Land im Norden und Westen von Uganda. Eines Tages heiratete er Wanyana, eine Frau aus dem benachbarten Königreich, die in der ersten Nacht, in der sie in den inneren Harem aufgenommen wurde, eine heftige Abneigung gegen ihn zeigte. Zu dieser Zeit besuchte ein Mann namens Kalimera, ein Viehhändler, den Hof und hatte dort bereits einige Monate als Ehrengast des Königs gewohnt, aufgrund seiner angenehmen Manieren und seiner Fähigkeiten auf der Flöte. Während seines Aufenthalts war ihm die Schönheit der jungen Frauen nicht entgangen, die sich um ihn scharen durften, während er spielte; aber es war schon lange bekannt, dass er besonders von Wanyanas Reizen angezogen wurde. Einige der bösartigeren Frauen flüsterten, dass ein Treffen stattgefunden hatte und dass sie eine Gelegenheit gefunden hatten, sich gegenseitig von ihrer gegenseitigen Leidenschaft zu erzählen. Wie dem auch sei, König Uni war überrascht über die Abneigung, die sie ihm gegenüber zeigte, und verzichtete zunächst darauf, sie zu bedrängen, da er fest davon überzeugt war, dass sich ihre Gefühle nach einer näheren Bekanntschaft mit ihm zum Besseren wenden würden. In der Zwischenzeit baute er für sie ein separates Gemach und umgab den Hof dicht mit dickem Rohr. Er besuchte sie jeden zweiten Tag und brachte jedes Mal ein Geschenk aus Perlen oder Rindenstoff oder weichem Fell mit, in der Hoffnung, ihre Gunst zu gewinnen.

Mit der Zeit entdeckte sie, dass sie schwanger war, und da sie König Unis Zorn fürchtete, schloss sie mit ihm einen Pakt: Wenn er sie einen Monat lang nicht besuchen würde, würde sie seine Güte mit aller Zuneigung erwidern. Uni stimmte diesem Vorschlag gerne zu und beschränkte seine

Aufmerksamkeit darauf, seinen Pagen täglich Grüße und Geschenke zu schicken. In der Zwischenzeit versuchte sie, durch ihre eigenen Diener mit Kalimera, ihrem Geliebten, in Verbindung zu treten, aber obwohl sie sich nicht anstrengte, konnte sie keine Neuigkeiten von ihm erfahren, außer einer Meldung, dass Kalimera kurz nach ihrem Eintritt in Unis Harem verschwunden war.

Nach wenigen Tagen bekam sie einen schönen Jungen, aber da sie zweifellos vom König getötet werden würde, wenn das Kind entdeckt würde, reiste sie nachts mit ihm ab und legte es, in Pelz gehüllt und mit feiner Perlenstickerei verziert, auf den Boden einer Töpfergrube. Dann eilte sie zu einem Wahrsager in der Nachbarschaft und bestach ihn, ihr Kind irgendwie aufzunehmen und aufzuziehen, bis es abgeholt werden konnte. Zufrieden mit seiner Versicherung, dass das Kind in Sicherheit sei, kehrte Wanyana in derselben geheimen Weise, wie sie es verlassen hatte, zu ihrer Residenz am Hof zurück.

Am nächsten Morgen sah man Mugema, den Töpfer, an der Tür des Wahrsagers vorbeigehen und wurde vom großen Hexenfinder begrüßt.

„Mugema", sagte er, „deine Töpfe sind jetzt aus faulem Ton. Sie sind überhaupt nicht mehr das, was sie einmal waren. Sie zerbröseln jetzt in der Hand. Sag mir, warum das so ist?"

„Ah, Doktor, das ist es genau. Ich dachte, ich könnte Sie bestechen, damit Sie es mir erzählen, aber ich wollte Sie nicht stören."

„Es ist gut, Mugema; ich werde dir sagen, warum. Du hast einen Feind, der dir Böses will, aber ich werde seine Pläne vereiteln. Eile zu deiner Grube, und was immer du dort an Lebewesen findest, behalte es und ziehe es gut auf. Solange es lebt, bist du vor allem Schaden sicher."

Mugema war erstaunt über diese Neuigkeiten, verließ das Haus des Wahrsagers und begab sich zu der Grube, aus der er seinen Lehm holte. Als er vorsichtig über den Rand der Grube spähte, sah er ein Bündel aus Rindenstoff und Fell. Von der äußeren Erscheinung her konnte er nicht erraten, was dieses Bündel enthalten könnte, aber da er fürchtete, es durch eine überstürzte Bewegung zu stören, zog er sich leise von der Grube zurück und eilte davon, um es seiner Frau zu erzählen, da er dazu verpflichtet war, und ihren Rat und ihre Hilfe einzuholen, denn die Frau ist in allen solchen Angelegenheiten sicherer als der Mann. Als seine Frau diese Neuigkeiten hörte, rief sie ihm zu:

„Aber was bist du für ein Narr! Warum hast du nicht getan, was der Wahrsager dir befohlen hat? Komm, ich werde sofort mit dir gehen, denn mein Geist ist beunruhigt wegen eines Traums, den ich letzte Nacht hatte, und das, was du mir erzählst, könnte für uns beide eine wichtige Bedeutung haben."

Mugema und seine Frau eilten gemeinsam zur Lehmgrube, und da ihr Mann darauf bestand, schlich sie leise an den Rand, um nach unten zu schauen. In diesem Augenblick stieß das Kind einen Schrei aus und bewegte die Kleider, die die Grube bedeckten.

„Aber es ist ein Baby", rief die Frau, „genau wie in meinem Traum. Beeil dich, Mugema. Steig schnell herab und bring es zu mir herauf. Und pass auf, dass du ihm nicht weh tust."

Mugema wunderte sich so sehr über die Worte seiner Frau, dass er beinahe den Verstand verlor, doch als er in die Grube gestoßen wurde, gehorchte er mechanisch und holte das Bündel mitsamt dem lebenden Insassen herauf, das er seiner Frau überreichte, ohne ein Wort zu sagen.

Als sie das Bündel öffnete, kam die Gestalt eines wunderschönen und außergewöhnlich lustvollen Kindes zum Vorschein, von solchem Gewicht, solcher Größe und Gestalt, dass die Frau ausrief:

„Oh! Mugema, hatte jemals jemand so viel Glück wie wir? Mein Herz seufzte nach einem Kind, das ich großziehen konnte, damit es unsere Freude sein würde, und hier haben uns die guten Geister das Beste von der ganzen Welt gegeben. Mugema, dein Glück ist gemacht."

„Aber wessen Kind ist es?", fragte Mugema misstrauisch.

„Wie kann ich dir das sagen? Hättest du mir nicht die Nachricht gebracht, dass es in der Grube ist, wäre ich mein Leben lang kinderlos geblieben. Der Wahrsager, der dich hierher geführt hat, ist ein weiser Mann. Er kennt das Geheimnis, darauf vertraue ich. Aber komm, Mugema, lass diese dummen Gedanken fallen. Was sagst du? Sollen wir das Kind aufziehen oder es hier zurücklassen, damit es umkommt?"

„In Ordnung, Frau. Wenn es dir Freude bereitet, werde ich zufrieden leben."

So kam es, dass das Kind von Wanyana Pflegeeltern fand, und keine Frau in Unyoro konnte stolzer auf ihr Kind sein, als Mugemas Frau es auf das Findelkind war. Er bekam die Milch von Frauen, Ziegen und Kühen, und er gedieh prächtig; und als Mugema den Wahrsager fragte, welcher Name am besten zu ihm passen würde, sagte der weise Mann:

„Nennen Sie ihn Kimyera – den Mächtigen."

Einige Monate später, als Kimyera etwa ein Jahr alt war, kam Wanyana zum Haus des Töpfers, um Töpfe für ihren Haushalt zu kaufen, und während sie auf der Veranda saß und die solidesten unter ihnen aussuchte, hörte sie drinnen ein Kind weinen.

„Ach, hat deine Frau vor kurzem ein Kind bekommen? Als ich dich das letzte Mal besuchte, habe ich weder bemerkt noch gehört, dass sie wahrscheinlich Mutter wird."

„Nein, Prinzessin", antwortete Mugema. „Das ist der Schrei eines Kindes, das ich vor etwa einem Jahr in der Lehmgrube entdeckt habe."

Wanyanas Herz machte einen gewaltigen Sprung und für einen Moment konnte sie sich nicht mehr erinnern, wo sie war. Mit großer Anstrengung fasste sie sich wieder und bat Mugema, ihr alles über den Vorfall zu erzählen. Doch während er ihr die Geschichte erzählte, war sie damit beschäftigt, darüber nachzudenken, wie sie seine Geheimhaltung sicherstellen könnte, wenn sie sich als die Mutter des Kindes ausgab.

Bevor Mugema seine Geschichte beendete, versäumte er nicht, Wanyana zu erzählen, dass er seine Frau eine Zeit lang verdächtigt hatte, ihn betrogen zu haben. Er hatte zwar keinen weiteren Grund für diesen Verdacht, als dass die Lehmgrube ihm gehörte und das Kind darin gefunden worden war, aber sein Verstand war noch nicht ganz klar. Er wäre bereit, lange Zeit für jeden zu schuften, der ihn von diesen Zweifeln befreien könnte, denn abgesehen davon war seine Frau die klügste und beste Frau in Unyoro.

Wanyana erkannte ihre Chance und sagte:

„Nun, auch wenn ich so getan habe, als wüsste ich nichts über das Kind, so weiß ich doch, wessen Kind es ist und wer es in die Grube gelegt hat."

„Du, Prinzessin!", rief er.

„Ja, und wenn du dem großen Muzimu schwörst, es geheim zu halten, werde ich den Namen der Mutter preisgeben."

„Ich versichere Ihnen Verschwiegenheit unter der Bedingung, dass nicht bewiesen wird, dass das Kind meiner Frau gehört. Wem es sonst gehört, ist mir gleichgültig; das Kind wurde gefunden und gehört mir durch das Recht des Finders. Nennen Sie nun die Mutter, Prinzessin."

„Wanyana!"

„Deine?"

„Trotzdem. Es ist das Kind einer innigen Liebe, und Kalimera aus Uganda ist sein Vater. Der junge Mann gehört zu einem der vier königlichen Clans Ugandas, dem Elefantenclan. Er ist der jüngste Sohn des verstorbenen Königs von Uganda. Nach dem Tod seines Vaters fiel ihm der Anteil seiner Mutter zu, ein viehreiches Weideland unweit der Grenze von Unyoro. Als er fette Herden hierher trieb, um sie an Uni zu verkaufen, sah und liebte er mich, und ich kannte ihn als meinen Herrn. Aus Angst vor dem Zorn des Königs floh er, und ich blieb lieblos in der Gewalt von Uni zurück. Eines

Nachts wurde das Kind geboren, und in der Dunkelheit schlich ich aus dem Hof des Königs und brachte das Baby zu deiner Grube. Dem weisen Mann vertraute ich das Geheimnis dieser Geburt an. Den Rest kennst du."

„Prinzessin, meine Frau erschien mir nie schöner als jetzt, und ich verdanke dir den klaren Blick. Ruhe in Frieden. Meine Frau liebt das Baby, lass sie es bis zu glücklicheren Zeiten pflegen, und ich werde es so beschützen, als wäre es mein eigenes. Ja, das Baby, da bin ich mir sicher, wird mir gut tun, wenn es erwachsen ist. Die Worte des weisen Mannes kommen mir jetzt in den Sinn, und ich sehe, wodurch allen Glück zuteil wird. Wenn Knochen und Muskeln einen König machen können, ist Kimyeras Zukunft sicher. Aber komm herein, um meine Frau zu sehen, und vertraue ihrer Diskretion und Weisheit deine Geschichte offen an."

Wanyana war schon bald ganz vernarrt in ihr Kind und machte Mugemas Frau unter Freudentränen mit der Geburt des Kindes bekannt. Sie versicherte ihm aufrichtig, dass er liebevoll umsorgt würde und dass sie ihm bei allen Diensten, die sie für Kimyera und seine Mutter tun könne, nach besten Kräften helfen würde.

Zwischen Prinzessin Wanyana und dem Töpfer Mugema und seiner Frau entwickelte sich eine große Freundschaft und sie fand häufig Vorwände, das schnell heranwachsende Kind zu besuchen.

Durch den Einfluss der Prinzessin wurde der Töpfer reicher und seine Herden vermehrten sich. Als Kimyera groß und stark geworden war, wurde ihm von seinem Pflegevater die Pflege des Viehs anvertraut, und er gab ihm eine Anzahl kräftiger junger Leute als Gehilfen. Mit diesen frönte Kimyera männlichen Spielen, bis er wunderbar geschickt im Speerwerfen, Bogenspannen und Ringen wurde. Seine Schnelligkeit übertraf die der flinksten Antilope; kein Tier der Ebene konnte ihm entkommen, wenn er ihn verfolgte. Sein Mut, den er bei der Verteidigung seines Schützlings unter Beweis stellte, wurde zum Sprichwort unter allen, die ihn kannten. Wenn der Schrei des Hirten ihn warnte, dass ein Tier das Vieh zu rauben suchte, verlor Kimyera nie Zeit, sich in Führung zu bringen, und mit Speer und Pfeil war er oft der Sieger.

Mit dem Stolz, der dem Besitzer so vieler bewundernswerter Eigenschaften gebührt, trieb er seine Herden mitten durch die Maisfelder der Dorfbewohner und antwortete auf alle Einwände einfach, dass die Herden Wanyana gehörten, Unis Lieblingsfrau. Die Menschen gehörten ihr ebenso wie ihr Mais, und wer könnte etwas dagegen haben, dass Wanyanas Vieh Wanyanas Mais fraß?

Da sein Ruf für Stärke und Mut weithin bekannt war, erlaubten ihm die Dorfbewohner unterwürfig, zu tun, was er wollte.

Als er an Kraft und Tapferkeit zunahm, kühlte Unis Achtung gegenüber Wanyana ab, und da ihr die Freiheit, die sie früher genossen hatte, nicht mehr gestattet war, hörte sie auf, Kimyera zu besuchen. Mugema hatte Mitleid mit der Mutter und schickte Kimyera mit Töpfen zum Verkauf an die Leute am Hof, mit dem strengen Auftrag, jede Neuigkeit über Prinzessin Wanyana herauszufinden. Das Herz der Mutter weitete sich jedes Mal vor Stolz, wenn sie ihren Sohn sah, und sie versuchte auf verschiedene Weise, das Gespräch zu verlängern. Und jedes Mal, wenn er nach Hause zurückkehrte, brachte er ein Geschenk von Wanyana mit, wie Leopardenfelle, Schnüre aus Tierklauen, Perlen und Krokodilzähne, Gürtel aus weißem Affenfell, Pakete aus gemahlenem Ocker oder Rotholz oder seltene Muscheln, um sie Mugema und seiner Frau zu zeigen. Und oft sagte er: „Wanyana hat mich gebeten, euch zu bitten, dieses Geschenk von ihr als Zeichen ihrer Wertschätzung anzunehmen", und zeigte ihnen ähnliche Gegenstände.

Dank der Geschenke seiner Mutter konnte er sich innerhalb kurzer Zeit zwei schöne große Hunde kaufen – einer war schwarz wie Kohle und er nannte ihn *Msigissa* oder „Dunkelheit", der andere war weiß wie ein Baumwollbüschel und wurde *Sema-gimbi* oder „Waldmaser" genannt. Sie müssen wissen, dass der Pavian-Clan in Uganda wegen des Hundes Dunkelheit eine so große Zuneigung zu schwarzen Hunden entwickelte, dass er durch sie die Erinnerung an Kimyera aufrechterhält.

Als er Eigentümer von Darkness und Wood-burr geworden war, begann er, sich für längere Zeit von zu Hause fernzuhalten und überließ die Herden den Hirten. Mit diesen erkundete er die Ebenen, Hügel und Wälder weit entfernt von seinem Zuhause. Manchmal war er wochenlang abwesend, was seinen liebevollen Pflegeeltern große Sorgen bereitete. Je weiter er kam, desto mehr wuchs seine Leidenschaft, herauszufinden, was sich hinter dem entferntesten Bergrücken befand, den er sah. Wenn er diesen entdeckte, war er erneut versucht, einen anderen zu erkunden, der in weiter Ferne vor ihm aufragte. Mit jedem Mann, den er traf, kam er ins Gespräch und erlangte vielfältiges Wissen über interessante Dinge im Zusammenhang mit dem Land, den Menschen und den Häuptlingen. Auf diese Weise hatte er nach vielen Monaten ein umfassendes Wissen über jede Straße und jeden Fluss, jedes Dorf und jeden Stamm in den Nachbarländern.

Nach seiner Rückkehr von diesen gewagten Ausflügen wurde er von Mugema und seiner Frau streng darüber ausgefragt, was er getan hatte, doch er vermied es, die ganze Wahrheit zu sagen, indem er die Jagdereignisse aufzählte, die seine Wanderungen begleiteten, sodass sie weder die Länder kannten, die er gesehen hatte, noch die Entfernungen, die er zurückgelegt hatte. Da sie sich jedoch unwohl fühlten, teilten sie Wanyana alles mit, was mit ihnen zu tun hatte und was sie vermuteten. Wanyana bat dann um Erlaubnis, dem Töpfer und seiner Frau einen Besuch abzustatten, und während des Besuchs fragte sie Kimyera: „Bitte, sag mir, mein Sohn, wohin reist du auf deinen langen Reisen, um Wild zu suchen?"

„Oh! Ich reise weit durch Wälder und über grasbedeckte Hügel und Ebenen."

„Aber ist es in Richtung Sonnenaufgang oder Sonnenuntergang, ist es nördlich oder südlich von hier?"

Darauf antwortete er: „Ich suche Wild im Allgemeinen dort, wo die Sonne aufgeht."

„Ah!" sagte Wanyana. „In dieser Straße liegt Ganda, wo dein Vater lebt und woher er früher kam, um Vieh gegen Salz und Hacken einzutauschen."

„Mein Vater! Wie heißt mein Vater, Mutter?"

„Kalimera."

„Und wo hat er gewohnt?"

„Sein Dorf heißt Willimera und liegt in der Nähe der Stadt Bakka."

„Bakka! Ich kenne die Stadt, denn auf einigen meiner Reisen bin ich weit nach Uganda vorgedrungen und habe in den Wäldern am Fluss Myanja Leoparden gejagt, und auf den Ebenen jenseits des Flusses ist so manche Antilope meinem Speer zum Opfer gefallen."

„Das ist kaum zu glauben, mein Sohn."

„Nein, aber es ist wahr, Mutter."

„Dann musst du in diesem Fall in der Nähe von Willimera gewesen sein, und es ist schade, dass du deinen Vater nicht gesehen hast und von ihm empfangen wurdest."

Ein paar Tage später warf sich Kimyera seinen gestrickten Brotbeutel über die Schulter, schritt mit Schild, zwei Speeren und seinen treuen Hunden Darkness und Wood-burr aus dem Haus des Töpfers und wandte sich wieder dem Myanja-Fluss zu. Im ersten Dorf jenseits des Flusses fragte er die Eingeborenen, ob sie Willimera kennen würden, und erfuhr, dass es nur acht Stunden östlich liege. Am nächsten Tag kam er an, umrundete das Dorf und übernachtete im Haus eines der Hirten von Kalimera. Er war seinem Gastgeber gegenüber sehr freundlich und erfuhr von ihm ausführlich über alles, was seinen Vater betraf.

Am nächsten Tag machte er sich auf den Rückweg nach Unyoro, das er nach zwei Wochen erreichte. Er erzählte Mugema und seiner Pflegemutter von seinem Erfolg und sie schickten einen Boten, um Wanyana zu benachrichtigen, dass Kimyera nach Hause zurückgekehrt war.

Wanyana wartete ungeduldig auf die Neuigkeiten und kam noch am selben Abend in Mugemas Haus an. Sie flehte Kimyera an, ihr alles zu erzählen, was er gehört und gesehen hatte.

„Kurz gesagt, es ist dies", antwortete Kimyera. „Ich weiß jetzt mit Sicherheit, wo Kalimera lebt. Ich bin durch das Dorf gegangen und weiß, wie viele Eingeborene dort leben, wie viele Viehherden er hat und wie viele Hirten und Sklaven er hat. Kalimera geht es gut. All das habe ich von einem seiner Oberhirten erfahren, bei dem ich eine Nacht verbracht habe. Ich bin sofort hierhergekommen, um es dir und meinen Pflegeeltern mitzuteilen."

„Es ist sehr gut, mein Sohn. Nun, Mugema, ist es Zeit, umzuziehen", sagte sie zum Töpfer. „Uni wird für mich jeden Tag unerträglicher. Ich habe mich noch nie mit ihm als seine Frau gepaart und ich war dem einzigen Mann treu, der mir als der schönste seiner Art erschien. Jetzt, da ich weiß, dass Kalimera lebt, ist mein Herz bei ihm, obwohl mein Körper hier ist. Mugema, sprich, mein Freund."

„Wanyana, mein Verstand ist langsam und meine Zunge schwer. Du kennst meine Umstände. Ich habe eine Frau, aber viel Vieh. Die beiden Kühe,

Namala und Nakaombeh, die du mir zuerst gegeben hast, besitze ich noch immer. Ihre Milch war immer reichlich und süß. Namala hat ausgereicht, um Kimyera zu perfekter Vitalität und Stärke zu nähren; Nakaombeh gibt mehr, als meine Frau und ich ernähren können. Kimyera soll seine Flöte, seine Hunde, Dunkelheit und Holzmaser, seine Speere und seinen Schild nehmen; Sebarija, mein Kuhhirte, der Kimyera das Flötenspiel beigebracht hat, wird auch seine Flöte und seinen Stab nehmen und Namala und Nakaombeh treiben. Meine Frau wird ein paar Felle tragen, einige der Beute, die Kimyera durch seine Tapferkeit errungen hat; und siehe da! Ich und meine Familie werden Wanyana folgen."

„Ein wahrer Freund bist du mir und den Meinen gewesen, Mugema! Wir werden vor Tagesanbruch von hier fortgehen. In Willimera wirst du das Zehnfache von dem erhalten, was du hier zurücklässt. Das Findelkind aus der Lehmgrube ist groß und stark geworden und hat endlich den Weg zu seinem Vater und den Verwandten seines Vaters gefunden."

Und wie Wanyana geraten hatte, wurde die Reise noch in derselben Nacht angetreten, und noch vor Sonnenaufgang waren Wanyana, Mugema und seine Frau sowie der Sklave Sebarija, der die beiden Kühe Namala und Nakaombeh trieb, weit auf ihrem Weg nach Osten. Kimyera und seine beiden Hunde Darkness und Wood-burr gingen den Auswanderern voraus und zeigten ihnen den Weg.

Die Nahrung, die sie mitnahmen, reichte ihnen für zwei Tage; aber am dritten Tag sahen sie einen einsamen Büffel, und Kimyera, gefolgt von Mugema und Sebarija, jagte ihn. Der Büffel war ungewöhnlich wild und führte sie auf eine lange Jagd, weit außer Sichtweite der beiden Frauen. Da dachte Mugema, dass sie falsch gehandelt hatten, als sie die beiden Frauen allein ließen, und rief Sebarija zu, sie solle sich beeilen, zurückzukommen und auf die Frauen und die beiden Kühe aufzupassen. Nicht lange danach biss Darkness seine Fänge in den Büffel, bis Wood-burr kam und ihm half, ihn zu Boden zu bringen, und dort hielten sie ihn fest, bis Kimyera ihm den Todesstoß versetzte. Die beiden Männer beluden sich mit dem Fleisch und kehrten an den Ort zurück, den sie verlassen hatten, aber ach! Sie fanden keine Spur der beiden Frauen, noch von Sebarija und den beiden Kühen.

Tag für Tag suchten Kimyera und Mugema im ganzen Land nach Neuigkeiten über die Vermissten, bis sie schließlich zu ihrem großen Bedauern die Suche aufgeben mussten und zu dem Schluss kamen, dass es für sie das Beste sei, ihre Reise fortzusetzen und sich darauf zu verlassen, dass der Zufall ihnen die gewünschten Informationen lieferte.

In der Nähe von Ganda sah Kimyera einen weiteren Büffel. Er bat Mugema, beim ersten Haus zu bleiben, das er erreichte, und ging ihm mit seinen Hunden nach. Der Büffel galoppierte weit und blieb gegen Mittag im Schutz eines Felsens stehen. Kimyera sprang auf die Spitze und schoss dem Tier mit aller Kraft seinen Speer durch den Rücken. Dieser Felsen wird Fremden noch heute als der Ort gezeigt, an dem Kimyera das erste Wild in Uganda erlegte, und sogar der Ort, an dem er stand, ist an den Spuren seiner Füße zu erkennen, die sich dort befanden. Während er auf dem Felsen ruhte, sah er eine Frau mit einem Kürbis voller Wasser vorbeigehen. Er rief sie an und bat um einen Tropfen, um seinen Durst zu stillen. Sie kam seiner Bitte lächelnd nach, da der Fremde hübsch und angenehm in seinem Benehmen war. Sie kamen ins Gespräch, und er erfuhr, dass sie aus Ganda stammte und Königin Naku, der Frau von Sebwana, als Zofe diente. Außerdem war Naku freundlich zu Fremden und für ihre Gastfreundschaft ihnen gegenüber berühmt.

KIMYERA ASKING FOR WATER.

„Denkst du, sie wird nett zu mir sein?", fragte Kimyera. „Ich bin gebürtig aus Unyoro und suche ein Haus, in dem ich mich ausruhen kann."

Darauf antwortete das Mädchen: „Es ist Brauch in Naku und in der Tat bei allen Prinzen von Ganda, Fremde zu bewirten, seit in längst vergangenen Zeiten der erste Prinz sich in diesem Land niederließ, in dem er ein Fremder war. Aber was mag das sein, was in deinem Gürtel befestigt ist?"

„Das ist eine Rohrflöte, auf der ich, wenn ich allein bin, den Gesang der Vögel imitiere, der mir am schönsten erscheint."

„Und bist du geschickt darin?" fragte das Mädchen.

„Urteil du selbst", sagte er und blies sofort auf seiner Flöte, bis das Mädchen ganz erstaunt war.

Als er geendet hatte, klatschte sie fröhlich in die Hände und sagte:

„Du bist bei Naku und ihrem Volk mehr als willkommen. Beeil dich und folge mir, damit ich dich zu ihr führen kann, denn dein Glück ist gesichert."

„Nein. Ich habe einen Gefährten nicht weit von hier, und ich darf ihn nicht verlieren. Aber du kannst sagen, du hast einen Fremden getroffen, der, wenn er seinen Freund gefunden hat, sich vor Sonnenuntergang vor Königin Naku und Sebwana vorstellen wird."

Das Dienstmädchen zog sich zurück und Kimyera stand auf, schnitt ein großes Stück Fleisch ab, ging denselben Weg zurück und suchte und fand Mugema, dem er alle seine Abenteuer erzählte.

Nachdem sie die Reiseflecken gewaschen und sich erfrischt hatten, gingen sie ins Dorf zur Residenz der Königin und ihres Gemahls Sebwana. Naku war durch die positiven Berichte der Magd darauf vorbereitet, Kimyera freundlich zu empfangen, doch als sie seine edlen Proportionen und seine schöne Gestalt sah, verliebte sie sich heftig in ihn und wandte sich an Sebwana und sagte:

„Seht, wir haben Gäste von Rang und Namen. Sie müssen aus einem fernen Land angereist sein, denn ich habe von keinem Stamm gehört, der sich eines so jungen Mannes rühmen könnte. Lasst uns ihn und seinen alten Freund edel empfangen. Ein Haus in der Nähe unseres eigenen soll für seine Unterkunft vorbereitet werden und es soll mit reichlich Nahrung, Wein (Bananenwein) und Milch, Bananen und Yamswurzeln, Wasser und Brennstoff ausgestattet sein und es soll an nichts fehlen, um unsere Wertschätzung für sie zu zeigen." Sebwana gab entsprechende Anweisungen und suchte ein geeignetes Haus als Unterkunft für die Gäste aus.

Dann sagte Naku: „Ich habe gehört, dass du musikalisch begabt bist. Wenn das das Instrument in deinem Gürtel ist, mit dem du meine Zofe entzückt hast, würde es mir eine Freude sein, dir zuzuhören."

„Ja, Königin Naku, es ist meine Flöte. Und wenn meine Musik Dich erfreut, stehe ich Dir mit meinen besten Kräften zur Verfügung."

Dann kniete Kimyera auf den Leopardenfellen, die für ihn und Mugema bereitgelegt waren, nahm seine Flöte heraus und stieß nach ein oder zwei Schnörkeln so melodische Töne aus, dass Naku, die ihre Augen nicht offen halten konnte, sie schloss und sich mit keuchenden Brüsten hinlegte, während ihre Sinne erfüllt waren von Träumen von glücklicheren Ländern und Gesichtern strahlenderer Menschen, als sie sie im wirklichen Leben je gekannt hatte. Je mehr er die Töne variierte, desto mehr variierten auch die freudigen Visionen ihres Geistes. Wenn die Musik sanft in ihren Ohren vibrierte, bebte ihr Körper unter dem Einfluss der Emotionen, die sie bewegten; wenn sie lebhafter wurden, warf sie ihre Arme hin und her und lachte krampfhaft; und wenn die Töne einen feierlichen Ton annahmen, seufzte und weinte sie, als hätten ihr alle ihre Freunde nur ihre zärtliche Erinnerung hinterlassen. Betrübt darüber, dass Naku leiden musste, weckte Kimyera die Königin aus ihrem traurigen Zustand mit Tönen, die sie sofort auf die Beine brachten, und siehe, auf einmal stimmten die Anwesenden in den lebhaften Tanz ein, und man hörte nichts als fröhliches Gelächter von ihnen. Oh, es war wunderbar, welche schnellen Veränderungen in den Menschen vorgingen, als sie Kimyeras Flöte hörten. Als er aufhörte, begannen die Leute, einander auf dumme und verwirrte Weise anzusehen, als ob ihnen etwas sehr Seltsames passiert wäre.

Aber Naku erholte sich schnell und ging lächelnd zu Kimyera und sagte:

„Du hast das Kommando, oh Kimyera. Deiner Flöte zu widerstehen wäre unmöglich. Nochmals willkommen in Ganda, und wir werden sehen, ob wir dich und deine Flöte nicht bei uns behalten können."

Sie führte Kimyera und seinen Adoptivvater Mugema zu ihrem Haus. Sie untersuchte sorgfältig die von den Sklaven getroffenen Vorkehrungen, und wenn sie etwas Unrechtes fand, korrigierte sie es eigenhändig. Bevor sie sich von ihnen trennte, rief sie Mugema beiseite und befragte ihn weiter über den jungen Mann, wodurch sie viele interessante Einzelheiten über ihn erfuhr.

Als sie in ihrem eigenen Haus ankam, rief sie alle Pagen des Hofes zu sich und gab den Befehl, dass, wenn Sebwana ihnen befahl, den Fremden am nächsten Tag dies und das zu überbringen, keiner von ihnen dies tun sollte, sondern die Dinge in den Hinterhof tragen sollte, wo nur Frauen Zutritt hatten.

Infolge dieses Befehls fanden sich Mugema und Kimyera am nächsten Tag verlassen wieder, und niemand kam ihnen nahe. Mugema suchte deshalb am nächsten Tag ein Gespräch mit Königin Naku und sagte:

„Die Sitten dieses Landes erscheinen uns fremd, oh Königin. Am ersten Tag unserer Ankunft überschüttete uns Deine Gunst in Hülle und Fülle, aber am nächsten Tag zeigte uns kein einziger Mensch sein Gesicht. Wären wir in der Wildnis gewesen, hätten wir nicht einsamer sein können. Es ist möglich, dass wir Dich beleidigt haben, ohne es zu wissen . Bitte, teile uns unser Vergehen mit oder erlaube uns, Ganda sofort zu verlassen."

„Nein, Mugema, ich muss dich um Geduld bitten. Nahrung sollst du durch meine Frauen im Überfluss bekommen, und noch viel mehr steht für dich bereit. Aber komm, ich werde den jungen Fremden besuchen, und du sollst mich zu ihm führen."

Kimyera war seit seiner Trennung von Naku tief in Gedanken versunken und hatte nicht bemerkt, worüber Mugema sich beschwert hatte. Als er jedoch Naku sein Haus betreten sah, legte er schnell Matten auf den Boden, bedeckte sie mit Leopardenfellen und bat Naku, sich darauf zu setzen. Er brachte frische Bananenblätter in seinen Armen und breitete sie neben ihr aus, legte Fleisch und Salz, Bananen und geronnene Milch darauf und kniete vor ihr nieder wie ein bereitwilliger Diener.

Naku beobachtete jede seiner Bewegungen, ihre Bewunderung für seine Person und seine Anmut wurde mit jeder Minute größer. Sie schälte eine reife Banane und reichte sie ihm mit den Worten: „Lass Kimyera mit mir probieren und essen, dann weiß ich, dass ich im Haus eines Freundes bin."

Kimyera nahm das Geschenk dankbar an und aß die Banane, als hätte er noch nie in seinem Leben etwas so Köstliches gegessen. Dann schälte er auch eine schöne und reife Banane, reichte sie ihr mit beiden Händen auf einem Stück grünem Blatt und sagte zu ihr:

„Königin Naku, es ist in meinem Land Brauch, dass der Herr des Hauses seine Gäste bedient. Deshalb, oh Königin, nimm diese Banane als Zeichen der Freundschaft aus den Händen von Kimyera an."

Die Königin lächelte, beugte sich nach vorne, den Blick fest auf ihn gerichtet, nahm die gelbe Frucht und aß sie, als ob eine solche Süße im Bananenland Ganda unbekannt wäre.

Als sie gegessen hatte, sagte sie:

„Höre, Kimyera, und du, Mugema, hör gut zu, denn ich werde jetzt wichtige Worte aussprechen. In Ganda hat es seit dem Tod meines Vaters keinen König mehr gegeben. Sebwana ist mein Gemahl, wie die Ältesten des Landes es gewählt haben, aber nur dem Namen nach. In Wirklichkeit ist er nur mein *Kate-Kiro* (Premierminister). Aber ich bin jetzt alt genug, um mir selbst einen König zu wählen, und gemäß der Tradition darf ich das tun. Deshalb teile ich dir mit, Mugema, dass ich meinen Herrn und Ehemann bereits gewählt habe und er von Rechts wegen den Stuhl meines Vaters einnehmen muss, des alten Königs, der verstorben ist. Ich habe mir seit vorgestern gesagt, dass Kimyera mein Herr und Ehemann sein soll."

Sowohl Kimyera als auch Mugema warfen sich dreimal vor Naku nieder, und nachdem der junge Mann sich von seiner Verwirrung und Überraschung erholt hatte, antwortete er:

„Aber, Königin Naku, hast du darüber nachgedacht, was die Leute dazu sagen werden? Könnte es nicht sein, dass sie fragen: ‚Wer ist dieser Fremde, der über uns herrschen soll?' Und sie werden zornig auf mich sein und versuchen, mich zu töten?"

„Nein. Denn du bist der Sohn meines Vaters Bruders, wie Mugema mir sagte, und da mein Vater keine männlichen Erben hinterlassen hat, kann seine Tochter sich, wenn sie will, mit einem Sohn seines Bruders verbünden. Kalimera ist ein jüngerer Bruder meines Vaters. Du siehst also, dass du, Kimyera, ein Recht auf den Königsstuhl hast, wenn ich, Naku, es so will."

„Und wie, Naku, gedenkst du vorzugehen? Für deine Sache ist mein Arm bereit zuzuschlagen. Du brauchst nur zu sprechen."

„Auf diese Weise. Ich werde dich jetzt verlassen, denn ich habe etwas für Sebwana zu erledigen. Wenn er gegangen ist, werde ich nach dir schicken, und du musst, wenn du zu mir kommst, sagen: ‚Naku, ich bin gekommen. Was kann Kimyera für Königin Naku tun?' Und ich werde aufstehen und sagen: ‚Kimyera, komm und setz dich auf den Stuhl deines Vaters Bruders.' Und du wirst vortreten, dich dreimal vor mir verneigen, dann sechsmal vor dem Stuhl des Königs, und mit deinem besten Speer in der Hand und dem Schild am Arm wirst du zum Stuhl des Königs gehen und dich an die anwesenden Leute wenden und mit lauter Stimme Folgendes sagen: ‚Siehe, Leute von Ganda, ich bin Kimyera, Sohn von Kalimera, von Wanyana von Unyoro. Ich erkläre hiermit, dass ich heute mit ihrem eigenen freien Willen Naku, die Tochter meines Vaters Bruders, zur Frau nehme und mich auf den Stuhl des Königs setze. Alle sollen dem Wort des Königs gehorchen, auch bei Todesstrafe.'"

„Es ist gut, Naku; es geschehe, wie du es wünschst", antwortete Kimyera.

Naku ging fort und machte sich auf die Suche nach Sebwana. Als sie ihn fand, heuchelte sie große Verzweiflung und Empörung.

„Wie ist das, Sebwana? Ich habe angeordnet, dass unsere Gäste liebevoll versorgt und mit allem Notwendigen versorgt werden. Aber als ich heute Morgen nachfragte, stellte ich fest, dass sie den ganzen gestrigen Tag allein gelassen wurden und sich über unsere plötzliche Missachtung ihrer Bedürfnisse wunderten. Beeil dich, mein Freund, und mach deine Nachlässigkeit wieder gut. Geh auf meine Felder und Plantagen und sammle alles, was für unsere Gäste am besten ist, damit sie nicht unsere Unfreundlichkeit verkünden, wenn sie uns verlassen."

Sebwana war erstaunt über diesen Vorwurf der Nachlässigkeit und beeilte sich wütend, die Pagen zu finden. Aber die Pagen verschwanden dank Nakus guter Fürsorge und konnten nicht gefunden werden. So war der alte Sebwana gezwungen, sich auf ein paar unbewaffnete Sklaven zu verlassen, die das Vieh trieben und die erlesensten Schätze von den Feldern und Plantagen der Königin für die Fremden herbeischaffen mussten.

Nachdem Sebwana schließlich die Stadt verlassen hatte, kehrte Naku zu Kimyera zurück, die sie mit einem traurigen und trostlosen Gesichtsausdruck vorfand.

„Warum, was fehlt dir, Kimyera?", fragte sie. „Der Stuhl ist jetzt frei. Bewaffne dich und folge mir in den Audienzsaal."

„Ach, Naku! Mir ist gerade eingefallen, dass ich noch nicht weiß, ob meine Mutter und meine gute Amme noch leben oder tot sind. Vielleicht warten sie irgendwo in der Nähe des Myanja voller Sorge auf mich, oder ihre Knochen bleichen auf einer der großen Ebenen, die wir auf dem Weg hierher durchquert haben."

„Nein, Kimyera, mein Herr, dies ist keine Zeit zum Trauern. Denke zuerst an die gegenwärtigen Bedürfnisse. Der Stuhl des Königs erwartet dich. Steh auf und nimm ihn ein, und morgen steht dir ganz Ganda zur Verfügung, um deine verlorene Mutter und Amme zu finden. Komm, zögere nicht, sonst kommt Sebwana zurück und rächt sich an uns allen."

„Fürchte dich nicht, Naku, es war nur ein vorübergehender Anfall von Trauer, der meinen Geist erfüllte. Sebwana muss stark und mutig sein, um mich zu enteignen, wenn Naku auf meiner Seite ist", sagte Kimyera und kleidete sich in ein Kriegskostüm mit einer Krone aus Hahnenschwanzfedern auf dem Kopf, einem großen Leopardenfell, das von seinem Hals über seinen Rücken herabhing, einem Gürtel aus weißem Affenfell um seine Taille und seinem Körper und Gesicht, das leuchtend mit Zinnober und Safran bemalt war. Dann bewaffnete er sich mit zwei hellen, glänzenden Speeren von großer Länge und trug einen Schild aus getrockneter Elefantenhaut, den kein gewöhnlicher Speer durchdringen konnte. Er schritt hinter Königin Naku her zum Audienzhof im königlichen Palast. Mugema, ähnlich bewaffnet, folgte seinem Adoptivsohn.

Als Kimyera stolz weiterschritt, erklang die große Trommel von Ganda, und ihre tiefen Töne waren weithin zu hören. Sofort bewaffnete sich die Bevölkerung, die genau wusste, dass der Ruf der großen Trommel ein wichtiges Ereignis ankündigte, hastig und füllte den großen Hof. Sie fanden Naku, die Königin, auf einem Stuhl neben dem jetzt leeren Königsstuhl sitzend, und vor ihr saß ein großer junger Fremder, der sich dreimal vor der Königin niederwarf. Dann sah man ihn sechsmal vor dem leeren Königsstuhl verneigen. Er erhob sich, ging darauf zu und blickte dann der Menge ins Gesicht, die verwundert zusah.

Der junge Fremde hob seine langen Speere und seinen Schild in einer Verteidigungshaltung und rief laut, so dass alle seine Stimme hörten:

„Seht, Leute von Ganda! Ich bin Kimyera, Sohn von Kalimera, von Wanyana von Unyoro. Ich erkläre hiermit, dass ich heute mit ihrem eigenen freien Willen Naku, die Tochter meines Vaters Bruders, zur Frau nehme und mich auf den Thron des Königs setze. Alle sollen dem Wort des Königs gehorchen, bei Todesstrafe."

Als er diese Ansprache beendet hatte, trat er einen Schritt zurück und setzte sich ernst auf den Königsstuhl. Ein lautes Gemurmel erhob sich aus der Menge, und man sah die Speerschäfte in die Höhe schnellen, als Naku aufstand und sagte:

„Volk von Ganda, öffnet eure Ohren. Ich, Naku, die rechtmäßige Königin von Ganda, erkläre hiermit, dass ich den Sohn meines Vaters Bruders gefunden habe, und ich nehme ihn heute aus freiem Willen und aus großer Liebe zu ihm zu meinem Herrn und Ehemann. Kimyera ist der rechtmäßige Herrscher des Königs. Ich gebiete euch allen, ihm und nur ihm treu zu sein."

Als sie ihre Rede beendet hatte, stieß das Volk ein lautes Willkommensgeschrei gegen den neuen König aus, schwang seine Speere und schlug sie gegen seine Schilde, um so seine freiwillige Treue zu König Kimyera zu bekunden.

Am nächsten Tag wurden große Truppen starker Männer in verschiedene Richtungen ausgesandt, um die Mutter des Königs und seine Amme sowie Sebarija und die beiden Kühe Namala und Nakaombeh zu holen. Falls sie noch lebten, wurden sie angewiesen, sie mit Ehre und Sorgfalt nach Ganda zu bringen, und falls ihnen ein tödliches Unglück zugestoßen war, sollten ihre Überreste mit allem gebotenen Respekt zum König gebracht werden.

Sebwana war inzwischen zu den Plantagen aufgebrochen und als er das Donnern der großen Trommel hörte, ahnte er, dass Naku ihn zugunsten des jungen Fremden abgesetzt hatte. Um sich davon zu überzeugen, schickte er einen ihm nahestehenden Sklaven los, um die Wahrheit herauszufinden, während er selbst einen Ort suchte, an dem er unbemerkt auf die Rückkehr seines Boten warten konnte. Als sein Sklave zu ihm zurückkam, erfuhr er, welches große Ereignis sich während seiner kurzen Abwesenheit zugetragen hatte und dass seine Macht einem anderen übertragen worden war. Da er das Schicksal der so Abgesetzten kannte, zog er sich heimlich in den Bezirk zurück, in dem er geboren worden war, wo er verborgen und sicher lebte, bis er in hohem Alter starb.

Nach einigen Tagen wurden Sebarija und Mugemas Frau sowie die beiden Kühe Namala und Nakaombeh am Ufer des Myanja gefunden, in der Nähe eines felsigen Hügels, der eine Höhle enthielt, wohin sie sich zurückgezogen hatten, um eine Unterkunft zu suchen, bis sie Nachrichten von Mugema und Kimyera erhielten. Doch Wanyana, die Mutter des Königs, war während der Abwesenheit von Sebarija und der Frau des Töpfers in der Nähe der Höhle Brennmaterial sammelnd von einem Leoparden tödlich verwundet worden, bevor ihr Schrei Sebarija zu Hilfe rief. Kurz nachdem sie in die Höhle gebracht worden war, war sie an ihren Wunden gestorben, und ihr Körper war in Felle und Decken gehüllt worden, die ihre Freunde besaßen, damit Kimyera bei seiner Rückkehr über die Todesursache informiert werden konnte.

Kimyera brach in Begleitung seiner Frau Naku und des alten Mugema mit großem Gefolge von Ganda auf, um das lange vermisste Paar und die sterblichen Überreste Wanyanas in Empfang zu nehmen. Mugema freute sich, seine alte Frau wiederzusehen, bedauerte jedoch zutiefst den Verlust seiner Freundin, der Prinzessin. Der König war überaus trauernd, aber Naku half ihm mit ihrer liebevollen Art, sein großes Unglück zu ertragen. Dem ganzen Volk wurde eine Trauerzeit von einem ganzen Mond auferlegt, nach deren Ablauf in Kagoma ein großer Grabhügel über den sterblichen Überresten der unglücklichen Prinzessin errichtet und Sebarija ordnungsgemäß zum Wächter des Denkmals ernannt wurde. Seit diesem Tag ist es Brauch, die Königinnenmütter in der Nähe des Grabes Wanyanas zu begraben und Wächter des königlichen Friedhofs zum Gedenken an Sebarija zu ernennen, die diesen Posten zuerst innehatte.

Zu seinen Lebzeiten wurde Sebarija am ersten Tag jedes zweiten Mondes mit einem Besuch von Kimyera geehrt, der dem treuen Kuhhirten stets einen jungen Büffel als Geschenk mitbrachte. An diesen Tagen spielten der König und Sebarija wie in alten Zeiten gemeinsam Flöten. Sie saßen auf Matten, die oben auf dem Hügel ausgebreitet waren, während die Eskorte und Diener des Königs und der Königin rundherum am Fuße des Hügels saßen. Auf diese Weise wurde Wanyanas Andenken zu Lebzeiten ihres Sohnes geehrt.

Kimyera ließ sich schließlich mit Königin Naku in Birra nieder, wo er eine große Stadt baute. Mugema und seine Frau lebten mit ihren beiden Kühen Namala und Nakaombeh viele Jahre in der Nähe des Palastes, bis sie starben.

Dunkelheit und Maser begleiteten den König auf vielen Jagden in den Ebenen am Rande des Myanja, in den Wäldern von Ruwambo und entlang der Seenlandschaften, die nach Bussi blicken. Und sie starben ihrerseits und wurden ehrenvoll unter vielen Falten von Rindenstoff begraben. Königin Naku, die drei Söhne zur Welt gebracht hatte, starb bei der Geburt ihres vierten Kindes und wurde mit großen Ehren in der Nähe von Birra begraben. Schließlich starb der Jägerkönig Kimyera, der ein hohes Alter erreicht hatte, unter der Trauer seines ganzen Volkes.

Kapitel Zehn.

Die Legende von der Leopardin und ihren beiden Dienern, Hund und Schakal.

Als wir uns dem Isangila-Katarakt näherten, erzählte Kadu auch die folgende Legende.

Vor langer Zeit, in den frühen Zeiten Ugandas, suchte eine Leopardin einen Diener, der in ihrer Höhle Arbeiten verrichtete. Ein Schakal bat sie, ihn für diese Aufgabe zu engagieren. Da der Schakal mit seinen nach hinten gelegten Ohren, seinen verstohlenen Augen und seinem Lächeln, das immer wie ein lüsterner Blick wirkte, ein sehr verdächtiges Aussehen hatte, beriet sich die Leopardin mit Hund, den sie kürzlich als ihren Diener eingestellt hatte, darüber, ob es angemessen sei, einem so schlau aussehenden Tier zu vertrauen.

Hund trabte zum Eingang der Höhle, um den Fremden selbst zu untersuchen, und fragte Jackal nach eingehender Untersuchung, welche Arbeit er tun könne. Jackal antwortete demütig und unterwürfig und sagte, er könne Wasser aus dem Bach holen, Brennmaterial sammeln, das Haus ausfegen und sei bereit, wenn nötig ab und zu zu kochen, da er kein Neuling in der Kochkunst sei. Und er sah Leopardin an und sagte: „Ich mag Junge sehr gern und bin sehr geschickt darin, sie zu säugen." Als Herrin Leopardin dies hörte, schien sie von Jackals Fähigkeiten beeindruckt zu sein, und ohne auf den Rat von Hund zu warten, beauftragte sie ihn sofort und sagte:

„Jackal, du musst verstehen, dass es meine Gewohnheit ist, meine Diener gut zu ernähren. Was von meinem Tisch übrig bleibt, ist so reichlich, dass ich von niemandem, der bei mir war, Beschwerden gehört habe. Du brauchst also keinen Hunger zu befürchten, aber obwohl du dich darauf verlassen kannst, dass du reichlich Fleisch bekommst, dürfen die Knochen nicht berührt werden. Der Hund soll dein Begleiter sein, aber weder er noch sonst jemand darf die Knochen berühren."

„Ich werde ganz zufrieden sein, Herrin Leopardin. Fleisch ist gut genug für mich, und für gutes Fleisch können Sie sich darauf verlassen, dass ich gute Arbeit leiste."

Der Haushalt von Herrin Leopardin war fertig; sie hatte keine Sorgen und genoss das Leben auf ihre Weise. Die Jagd war ihr großes Vergnügen. In den Wäldern und Ebenen wimmelte es von Wild, und jeden Morgen bei Sonnenaufgang brach sie zur Jagd auf, und es verging kaum ein Tag, an dem sie nicht mit genügend Fleisch zurückkehrte, um ihren Haushalt zu mästen. Hund und Schakal zeigten sich erfreut über die köstlichen Mahlzeiten, die sie genossen, und eine glatte Rundheit bezeugte, dass es ihnen vortrefflich ging.

Aber wie es häufig bei Leuten der Fall ist, die alles haben, was sie sich wünschen, wurde Hund nach kurzer Zeit in seinen Vorlieben feiner und anspruchsvoller. Er sehnte sich nach den Knochen, die ihm verboten waren, und man hörte ihn tief seufzen, wann immer Herrin Leopardin die Knochen einsammelte und sie im Inneren verstaute, und seine Augen füllten sich mit Tränen, wenn er die köstlichen Häppchen betrachtete, die sie verstaut hatte. Als seine Gefühle schließlich unerträglich wurden, beschloss er, eines Tages seine Herrin anzurufen, da sie in einer freundlicheren Stimmung als sonst zu sein schien, und sagte:

„Herrin, dank Ihnen ist das Haus immer gut mit Fleisch versorgt und keiner Ihrer Bediensteten hat Grund zu der Annahme, dass er jemals Hunger leiden muss. Doch was mich betrifft, meine Herrin, so wünsche ich mir noch eines, wenn Sie mir die Güte hätten, es mir zu gewähren.“

„Und was mag das sein, du Gierige?“, fragte die Leopardin.

„Nun, sehen Sie, Herrin, ich fürchte, Sie verstehen die Natur der Hunde nicht sehr gut. Sie müssen wissen, dass Hunde Mark sehr mögen und es oft Fleisch vorziehen. Letzteres allein ist gut, aber so reichlich und gut es auch sein mag, ohne ein gelegentliches Stück Mark wird es schnell langweilig. Hunde schärfen auch gern ihre Zähne an Knochen und stecken ihre Zungen in die Löcher, um an den gehaltvollen Saft zu kommen. Mark allein würde meine Rippen nicht mästen, aber Fleisch mit Mark ist höchst köstlich. Nun, gute Herrin, da ich Ihnen so treu gedient habe, so gehorsam und bereitwillig Ihren Befehlen nachgekommen bin, wären Sie dann nicht so gnädig, mich an den Knochen nagen und das Mark herausholen zu lassen?“

„Nein“, brüllte Leopardess entschieden, „das ist absolut verboten; und ich warne Sie: An dem Tag, an dem Sie es wagen, wird plötzlich etwas Seltsames geschehen, das für Sie und alle in diesem Haus äußerst schwerwiegende Folgen haben wird.“

„Und Sie, Schakal, behalten Sie meine Worte gut im Gedächtnis“, fuhr sie fort und wandte sich an ihren unterwürfigen Untergebenen.

„Ja, Herrin, das werde ich ganz bestimmt. Tatsächlich lege ich nicht viel Wert auf Knochen“, sagte Jackal, „und ich hoffe, mein Freund und Gefährte, Hund, wird sich daran erinnern, was Sie sagen, gute Herrin.“

„Ich höre, Herrin“, antwortete der Hund, „und da es Ihr Wille ist, muss ich gehorchen.“

Die alarmierenden Worte der Leopardin bewirkten, dass Hund und Schakal für eine Weile nicht einmal an Mark dachten, und die Leopardin schien die Bitte des Hundes vergessen zu haben, obwohl Schakal an den Funkeln in den begehrlichen Augen des Hundes, wenn ein großer Knochen in seiner Nähe war, sehr wohl erkannte, wie schwer es ihm fiel, der Versuchung zu widerstehen. Tag für Tag verließ die Leopardin ihre Höhle und kam mit Ziegen, Schafen, Antilopen, Zebras und oft einer jungen Giraffe zurück; und eines Tages brachte sie einen großen Büffel in ihren Haushalt, und die Jungen und Diener kamen angerannt, um sie zu begrüßen und ihre erfolgreiche Jagd zu loben.

An diesem Tag übernahm Dog die Zubereitung des Abendessens. Das Büffelfleisch war vorzüglich zubereitet, und als es aus dem großen Topf gekippt wurde, dampfend und vor Saft überlaufend, erblickte Dog einen Schenkelknochen und gelbes Mark, das darin glänzte. Die Versuchung, es zu stehlen, war zu groß, um ihr zu widerstehen. Er schaffte es, den Knochen wieder in den Topf fallen zu lassen, füllte das Tablett rasch mit dem Fleisch und schickte Jackal damit zu Leopardin, wobei er sagte, er würde mit den Kebabs und dem Eintopf nachkommen. Sobald Jackal aus der Küche gegangen war, holte Dog den Knochen aus dem Topf und versteckte ihn schlau; dann lud er Eintopf und Kebabs auf ein Tablett, eilte Jackal hinterher und begann, eifrig umherzulaufen, Leopardin anzuhimmeln, die Jungen zu streicheln, als er sie neben ihre Mama um die rauchenden Tabletts setzte, Jackal für seine Faulheit zurechtwies und ihn bat, sich mit den Steaks zu beeilen. Und das alles natürlich nur, weil er sich darüber freute, dass ganz versteckt ein seltener Leckerbissen auf ihn wartete.

Die Leopardin lobte Dogs Kochkünste sehr und die Jungen ließen sich sogar mit einem anerkennenden Lächeln über die hervorragende Art und Weise, wie ihre Bedürfnisse befriedigt wurden, herab.

Gegen Abend ging Herrin Leopardin wieder hinaus, aber nicht ohne Jackal an seine Pflichten gegenüber den Jungen zu erinnern und ihm zu sagen, dass er sie auf keinen Fall allein im Dunkeln lassen dürfe, wenn sie erst spät zurückkäme. Hund folgte seiner Herrin lächelnd zur Tür und wünschte ihr auf die unterwürfigste Art viel Erfolg. Als er dachte, dass seine Herrin weit genug weg war und Jackal ganz mit den Jungen beschäftigt war, eilte Hund in die Küche, nahm seinen Knochen, schlich aus dem Haus und trug ihn ein gutes Stück weit weg. Als er dachte, dass er vor Beobachtung sicher war, legte er sich hin, legte den Knochen zwischen seine Pfoten und wollte gerade seinem Verlangen nach Mark nachgeben, als er sah, wie der Knochen zurück in die Höhle flog. Er wunderte sich über ein so merkwürdiges Ereignis, war wütend über seine Enttäuschung und etwas beunruhigt, als er sich an die warnenden Worte der Leopardin erinnerte. Er rannte hinterher und rief:

„Schakal, Schakal! Mach die Tür zu, der Knochen kommt. Schakal, bitte mach die Tür zu."

Glücklicherweise war Jackal gerade von der Säugung der Jungen dorthin gekommen und hockte auf seinen Hinterbeinen an der Tür. Er sah den

Knochen direkt auf sich zukommen und Hund galoppieren und schreien, um die Tür zu schließen. Jackal bemerkte schnell, dass Hund schließlich seinem Appetit seine Pflicht vorgezogen hatte und schloss die Tür gerade noch rechtzeitig, da er, um die Wahrheit zu sagen, Mitgefühl für seinen Mitdiener hatte, denn etwa eine Sekunde später traf der Knochen mit enormer Wucht die Tür und hinterließ eine tiefe Delle.

Dann wandte sich Jackal, nachdem er sich von seinem Erstaunen erholt hatte, an Dog und fragte wütend: „Oh, Dog, weißt du, was du tust? Hast du keinen Verstand? Diesmal hättest du mich beinahe umgebracht. Ich sage dir was, mein Freund, wenn Frau Leopardin davon erfährt, ist dein Leben keine Feder mehr wert.“

„Jetzt sag bitte nichts, guter Schakal, diesmal nichts davon. Der Schreck, den ich hatte, reicht vollkommen aus, um mich davon abzuhalten, noch einmal einen Knochen anzufassen.“

„Nun, ich bin sicher, ich wünsche Ihnen nichts Böses, aber seien Sie um Ihres Lebens willen nicht so dumm, die Lektion zu vergessen, die Sie gelernt haben.“

Bald darauf kehrte die Leopardin mit einer kleinen Antilope für das Frühstück am nächsten Tag zurück und rief Jackal zu, wie sie es immer tat, wenn sie von der Jagd zurückkam:

„Nun, mein Schakal, bring die Jungen her; meine Jungen sind so schwer. Wie geht es den Kleinen?“

„Ach, sehr gut, gnädige Frau. Die armen kleinen Lieblinge haben süß geschlafen, seit Sie das Haus verlassen haben.“

Ein paar Tage später brachte Leopardess ein dickes junges Zebra mit, und Jackal zeigte sein ganzes Können, als er es für das Abendessen zubereitete. Dog half auch mit klugen Vorschlägen bei der Zubereitung bestimmter Beilagen zum Festmahl. Als alles fertig war, deckte Dog den Tisch, und sobald Jackal die verschiedenen Gerichte gebracht hatte, arrangierte Dog sie auf die verlockendste Weise auf frischen Bananenblättern, die über das große Plateau ausgebreitet waren. Kurz bevor sie sich zum Essen hinsetzte, hörte Leopardess draußen ein seltsames Geräusch und sprang zur Tür, wobei sie wütend knurrte, weil sie gestört wurde. Dog nutzte sofort die Gelegenheit ihrer Abwesenheit, um einen großen Knochen aus einem der Tabletts zu holen, und verstaute ihn in einer Nische in der Wand des Ganges, der von der Küche wegführte. Bald darauf kam Leopardess zurück, und als die Jungen gebracht wurden, wurde das Essen in aller Stille fortgesetzt. Als sie alle genug gegessen hatten, folgten auf die gute Wirkung Lob für die Zubereitung und den saftigen Geschmack des Fleisches und dafür, wie gut Jackal alles zubereitet hatte. Auch Hund wurde von der Herrin und ihren Kindern nicht vergessen und mit den reichlichen Resten des Festmahls für sich und seine Gefährtin entlassen, in der höflichen Hoffnung, dass sie noch genug und übrigbleiben würden.

Am Nachmittag machte sich Leopardess, nachdem sie sich mit einem Nickerchen erfrischt hatte, noch einmal auf den Weg und forderte Jackal beim Verlassen der Höhle auf, während ihrer Abwesenheit auf ihre Kleinen aufzupassen.

Während sein Freund Jackal auf die Jungen zuging, holte Dog heimlich seinen Knochen aus der Höhle in der Wand des Ganges und trottete unbemerkt hinaus. Als er an einem abgelegenen Ort angekommen war, legte er sich hin, nahm den Knochen zwischen seine Pfoten und wollte ihn gerade ein wenig ablecken, als der Knochen zu seinem Entsetzen und seiner Bestürzung wieder hoch und geradewegs auf die Tür zuflog. Dog lief ihm so schnell hinterher, wie seine Beine ihn trugen, und rief:

„Oh, Schakal, Schakal, guter Schakal! Mach die Tür zu. Beeil dich. Mach die Tür zu, guter Schakal."

Wieder hörte Jackal den Schrei seines Freundes und sprang auf, um die Tür zu schließen, und im selben Moment traf der Knochen mit schrecklicher Wucht dagegen.

Jackal wandte sich dem niedergeschlagenen und keuchenden Hund zu und sagte streng: „Du bist ein netter Kerl, wirklich. Ich sehe dein Ende voraus. Hör zu, das ist das letzte Mal, dass ich dir helfe, mein Freund. Wenn du das nächste Mal einen Knochen nimmst, wirst du die Konsequenzen tragen müssen, also pass auf."

„Komm, Schakal, und sag jetzt nichts mehr. Ich werde nie wieder einen Knochen ansehen, das verspreche ich dir feierlich."

„Halten Sie sich daran, und Sie werden sicher sein", antwortete Jackal.

Der arme Hund konnte sein Versprechen jedoch keineswegs einhalten, denn einige Tage später brachte Leopardin eine fette junge Elenantilope mit, und er fand Gelegenheit, sich einen schönen Markknochen zu stehlen, bevor er seiner großzügigen Herrin diente. Spät am Nachmittag, nach dem Abendessen und der Siesta, wiederholte Leopardin, bevor sie hinausging, ihren üblichen Auftrag an Jackal, und während sich der treue Diener seinen Pflegepflichten widmete, suchte der gierige Hund nach seinem Knochen und schlich sich damit in den Wald. Diesmal ging er weiter als gewöhnlich. Jackal fand inzwischen, dass die Jungen nicht schlafen konnten, und führte sie zur Tür der Höhle, wo sie mit der ganzen Lebhaftigkeit von Jungen herumtollten und herumhüpften. Jackal saß in einiger Entfernung von der Tür, als er die

Schreie von Dog hörte. „Oh, Jackal, Jackal, guter Jackal! Mach schnell die Tür zu. Pass auf den Knochen auf. Er kommt. Mach schnell die Tür zu."

„Ha, ha! Freund Hund! Schon wieder dabei, was?", sagte der Schakal. „Es ist zu spät, zu spät, lieber Hund, die Jungen stehen in der Tür." Er blickte jedoch auf und sah den Knochen mit rasender Geschwindigkeit auf ihn zukommen; er hörte ihn sausen, als er dicht über seinen Kopf flog, und fast unmittelbar danach traf er eines der Jungen und tötete es auf der Stelle.

Jackal schien die Folgen von Dogs Tat und seiner eigenen Unachtsamkeit schnell zu erkennen und beschloss zu fliehen, da er spürte, dass Leopardin's Höhle von nun an kein Zuhause mehr für ihn sein würde. In diesem Moment kam Dog näher und als er das tote Junge sah, stieß er ein jämmerliches Geheul aus.

„Ja", sagte Jackal. „Du Narr, du wirst langsam erkennen, was deine Gier uns allen eingebracht hat. Heul weiter, mein Freund, aber du wirst anders heulen, wenn Herrin Leopardin ihr totes Junges entdeckt. Überlege dir, wie das alles enden wird. Unsere mächtige Herrin wird dich zu Hackfleisch verarbeiten, wenn sie dich erwischt. Auch ich darf nicht länger hier bleiben. Mein Zuhause muss in Zukunft ein Bau im wilden Wald oder eine Felsenhöhle sein. Was wirst du tun?"

„Ich, Schakal? Ich weiß es noch nicht. Geh, wenn du willst, und hungere. Ich hoffe, ich werde ein besseres Zuhause finden als einen engen Bau oder den kalten Schutz einer Höhle. Ich liebe Wärme, Küchenfeuer und den Geruch von gebratenem Fleisch zu sehr, um mich in den kühlen Unterschlupf zu wagen, den du zu suchen vorhast, und mein Fell ist zu fein für das raue Leben im Freien."

„Hör!", rief Jackal, „hörst du das? Das ist die Warnung der Herrin! Leb wohl, Hündchen. Ich werde heute Nacht von dir träumen, wie du nackt unter der Pfote der Leopardin liegst."

Jackal wartete, um nichts mehr zu sagen, floh aber vom Schauplatz und war von diesem Tag an bis heute ein Vagabund. Er liebt die Dunkelheit und die Dämmerung. In solchen Momenten hört man sein Jaulen. Er ist sehr egoistisch und feige. Er hat nicht den Mut, selbst etwas zu töten, sondern wartet lieber und leckt sich die Lippen, bis der Löwe oder der Leopard, der das Wild gerissen hat, sich vollgefressen hat.

Hund hatte große Angst, aber nach kurzem Überlegen beschloss er, der Sache ins Auge zu blicken, bis er sich der Gefahr sicher war. Er brachte die Jungen, lebende und tote, schnell hinein und wartete dann mit gut geheuchelter Angst auf die Ankunft seiner Herrin.

Kurz darauf traf die Leopardin ein und wurde an der Tür von dem unterwürfigen Hund mit einem unterwürfigen Willkommen empfangen.

„Wo ist Jackal?", fragte Leopardess, als sie eintrat.

„Ich muss leider mitteilen, dass er noch nicht von einem Besuch zurückgekehrt ist, den er seinen Freunden und seiner Familie abstatten wollte, die er so lange nicht gesehen hat", antwortete Dog.

„Dann geh und bring mir meine Kleinen. Die armen kleinen Lieblinge müssen hungrig sein, und meine Milch bereitet mir Probleme", befahl die Herrin.

Der Hund ging bereitwillig fort und dachte bei sich: „Jetzt bin ich dran." Bald kam er mit einem der Jungen zurück und legte es hin.

„Hol schnell den anderen", rief Leopardess.

„Ja, Ma'am, sofort", sagte er.

Der Hund nahm dasselbe Junge wieder auf, kam aber nach kurzer Zeit damit zurück. Das Junge war bereits zufrieden und wollte die Zitze nicht berühren.

„Geh und hol den anderen, du Blödmann", rief Leopardess, als sie bemerkte, dass dieser nicht saugen würde.

"DOG . . . SET UP A PITEOUS HOWL."

„Das ist die andere, Herrin", antwortete er.

„Warum ist es dann nicht beschissen?", fragte sie.

„Vielleicht hat es sein Abendessen noch nicht verdaut."

„Wo ist Jackal? Ist er noch nicht zurückgekommen? Jackal!", rief sie. „Wo bist du, Jackal?"

Aus dem Dschungel draußen schrie Jackal schrill: „Hier bin ich, Herrin!"

„Komm sofort zu mir", befahl Leopardess.

„Ich komme, Herrin, ich komme", antwortete Jackals Stimme schwach, denn er war beim Klang ihres Rufes aufgeschreckt und trabte davon.

„Was kann denn mit dem Tier los sein, das mich so veräppelt? Hier, Hund, bring dieses Junge zur Krippe."

Dog beeilte sich zu gehorchen, aber Leopardess, deren Verdacht geweckt worden war, folgte ihm ruhig, als er durch die Tür in die innere Nische des Hauses trat, wo die Krippe stand. Nachdem er das lebende Junge neben das tote in der Krippe gelegt hatte, wandte sich Dog zum Gehen, als er seine gefürchtete Herrin in der Tür stehen sah, die mit wild aufgerissenen Augen auf ihn starrte, und ihm wurde klar, dass sie die Wahrheit herausgefunden hatte, und aus Angst schoss er wie ein Pfeil zwischen ihre Beine und stürzte aus der Höhle. Mit einem lauten Brüllen der Wut sprang Leopardess hinter ihm her, während Dog um sein Leben rannte. Seine Herrin holte auf, als Dog sich zur Seite drehte und um die Bäume herumrannte. Wieder kam Leopardess schnell näher, als Dog geradewegs losschoss und die Distanz zwischen ihnen ein wenig vergrößerte. Gerade als man meinen würde, dass Dog keine Hoffnung hatte, seiner wilden Herrin zu entkommen, sah er den Bau eines Warzenschweins, in den er sofort hineinsprang. Leopardin erreichte das Loch im Boden, als der Schwanz des Hundes aus ihrem Blickfeld verschwand. Da sie zu groß war, um hineinzugehen, riss sie den Eingang des Baus auf und streckte ab und zu ihre Pfote tief hinein, um nach ihrem Opfer zu tasten. Aber der Bau war sehr lang und verlief tief nach unten, und sie war schließlich gezwungen, ihre verzweifelten Versuche, den Ausreißer zu erreichen, aufzugeben.

Die Leopardin dachte eine Weile nach, schaute sich um und sah den Affen in der Nähe, der ernst auf einem Ast saß und sie beobachtete.

„Komm runter, Affe", befahl sie gebieterisch, „und setz dich neben diesen Bau und beobachte den mordenden Sklaven, der sich darin befindet, während ich Material besorge, um ihn auszuräuchern."

Affe gehorchte, stieg vom Baum herab und stellte sich an den Eingang des Baus. Doch ihm wurde klar, dass seine Kraft nicht ausreichen würde, ihm zu widerstehen, sollte Hund sich hinauswagen. Er bat daher Leopardin, einen Moment zu bleiben, während er einen Stein holte, mit dem er das Loch sicher verschließen konnte. Als dies erledigt war, sagte Leopardin: „Bleib jetzt hier und rühr dich nicht, bis ich zurückkomme. Ich werde nicht lange weg sein und wenn ich komme, werde ich ihn festnehmen."

Die Leopardin überließ den Bau der Aufsicht des Affen, begann eine große Menge trockenes Gras zu sammeln und ging dann zu ihrem Haus, um Feuer zu holen, mit dem sie den Bau anzünden und den Hund mit dem Rauch ersticken konnte.

Hund hatte sich kurz nach dem Betreten des Baus umgedreht und das Loch im Blick gehabt, um für alle Notfälle gewappnet zu sein. Er hatte gehört, wie Leopardess Monkey ihre Befehle erteilt hatte, hatte Monkeys Pläne gehört, ihn zu blockieren, sowie die Drohung von Leopardess, ihn auszuräuchern. Es gab nicht viel Hoffnung für ihn, wenn er länger blieb.

Nach einer Weile schlich er sich dicht an den Felsen heran, der ihm den Ausgang versperrte, und flüsterte:

„Affe, lass mich raus, du bist ein guter Kerl."

„Das kann nicht sein", antwortete Monkey.

„Ach, Affe, warum bist du so grausam? Ich habe dir nichts getan. Warum bewache ich dich, damit ich nicht entkomme?"

„Ich befolge nur Befehle, Hund. Die Leopardin hat gesagt: ‚Bleib hier und pass auf, dass der Hund nicht entkommt.' Und das muss ich tun, sonst wird mir etwas zustoßen, wie du weißt."

Dann sagte der Hund: „Affe, ich sehe, dass auch du ein grausames Herz hast, obwohl ich dachte, dass nur die Leoparden damit prahlen könnten. Mögest du eines Tages die tiefe Verzweiflung spüren, die ich in meinem Herzen fühle. Lass mich dir noch ein Wort sagen, bevor ich sterbe. Leg deinen Kopf dicht an mich, damit du es hören kannst."

Der Affe war neugierig und wollte wissen, was das letzte Wort zu bedeuten hatte. Er schob sein Gesicht dicht zwischen Fels und Erde und schaute hinein, woraufhin der Hund ihm so viel Staub und Sand in die schlauen Augen warf, dass er fast erblindete.

Affe taumelte vom Eingang zurück, und während er mit den Fingerknöcheln den Sand herausknabberte, stemmte Hund seine Vorderpfoten gegen den Felsen und rollte ihn schnell weg. Dann, nach einem hastigen Blick umher, floh Hund wie der Wind von der gefährlichen Stelle.

Nachdem Monkey den Schmutz aus seinen Augen gewischt und seine Lage überdacht hatte, begann er sich Sorgen um sein eigenes Schicksal zu machen. Es dauerte nicht lange, bis ihm in seinem schlauen Verstand einfiel, dass es eine gute Idee wäre, ein paar weiche Nüsse in den Bau zu legen und den Stein an seinen Platz zurückzurollen.

Als die Leopardin mit dem Feuer zurückkam, wurde ihr gesagt, dass der Hund sicher darin gefangen sei. Daraufhin häufte sie das Gras über dem Bau auf und zündete ihn an.

Plötzlich war drinnen ein knisterndes Geräusch zu hören.

„Was kann das sein?", fragte Leopardess.

„Das muss sicherlich eines von Hundes Ohren gewesen sein, das du explodieren gehört hast", antwortete Monkey.

Nach kurzer Zeit war erneut ein Knistern zu hören.

„Und was ist das?", fragte Leopardess.

„Ah, das muss natürlich das andere Ohr sein", antwortete Monkey.

Doch als das Feuer heißer wurde und die Hitze im Inneren zunahm, hörte man viele dieser Geräusche, über die der Affe fröhlich lachte und rief:

„Ah ha! Hörst du? Der Hund zerspringt jetzt in Stücke. Oh, er verbrennt wie Feuer; jeder Knochen in seinem Körper bricht. Aber es ist doch ein grausamer Tod, oder nicht?"

„Lass ihn sterben", rief die Leopardin wütend. „Er hat eines meiner Jungen getötet – einen der schönsten kleinen Kerle, die du je gesehen hast."

Sowohl Leopardin als auch Affe blieben im Bau, bis das Feuer vollständig erloschen war, dann sagte die erste:

„Nun, Affe, bring mir einen langen Stock mit einem Haken am Ende, damit ich die Knochen des Hundes herausharken und meine Augen daran weiden kann."

Der Affe beeilte sich, den Stock zu holen, mit dem die Glut ausgeharkt wurde, als die Leopardin ausrief:

„Das ist ja ein komischer Geruch! So etwas würde man von einem verbrannten Hund überhaupt nicht erwarten."

„Ah", antwortete der Affe, „der Hund muss davon völlig verbrannt sein. Daran besteht kein Zweifel. Hast du schon einmal einen Hund verbrannt, sodass du den Geruch seines verbrannten Körpers so gut kennst?"

„Nein", sagte die Leopardin, „aber das ist nicht wie der Geruch von gebratenem Fleisch. Harke die ganze Asche aus, damit ich die Knochen sehen und mich satt essen kann."

Der Affe, der gezwungen war, dem Befehl zu gehorchen, steckte seinen Stock hinein und holte mehrere halbgebackene Nüsse heraus, deren Schalen gesprungen und weit aufgerissen waren. Die Leopardin sah diese Nüsse kaum, als sie den Affen packte und wütend schrie:

„Du Schurke, du hast mich betrogen und mit mir gespielt! Du hast dem Mörder meines Jungen die Flucht ermöglicht, und jetzt sollst du dein Leben für seines verpfänden."

„Verzeihung, mächtige Leopardin, aber lassen Sie mich fragen, wie Sie gedenken, mich zu töten?"

„Warum, elender Sklave, wie sonst sollte ich dich töten, wenn nicht mit einem Kratzer meiner Klauen?"

„Nein, große Königin, mein Blut wird auf dein Haupt fallen und dich ersticken. Es ist besser für dich, wenn du mich über diesen dornigen Ast wirfst, damit die Dornen, wenn ich darauf falle, mein Herz durchbohren und mich töten."

Kaum war der Affe fertig, als die wilde Leopardin den Affen, wie er es befohlen hatte, nach oben schleuderte; dieser aber packte den Ast und setzte sich auf, und von diesem sprang er in die Höhe auf einen noch höheren und von dort von Ast zu Ast und von Baum zu Baum, bis er vor jeder möglichen Verfolgung sicher war.

Als Leopardess bemerkte, dass ein weiteres ihrer beabsichtigten Opfer entkommen war, geriet sie außer sich vor Wut.

„Komm sofort runter", rief sie Monkey zu und hoffte, dass er ihr gehorchen würde.

„Nein, Leopardin. Man hat mir gesagt, und im ganzen Wald ist davon die Rede, dass deine Grausamkeit Schakal und Hund von dir vertrieben hat und dass sie dir nie wieder dienen werden. Grausame Menschen können nie auf Freunde zählen. Ich und mein Stamm, die wir so lange deine Diener waren, werden dir von nun an Fremde sein. Leb wohl."

Ein lautes Rascheln war in den Bäumen über ihnen zu hören, als der Affe und sein Stamm aus dem Gebiet der grausamen Leopardin wegzogen, die von Wut zerfressen und fortziehen musste, ohne dass einer ihrer Rachegedanken erfüllt worden wäre.

Als sie zu ihrer Höhle zurückkehrte, dachte Leopardess an das Orakel, das ihre Freundin war und ihr auf ihre Bitten hin zweifellos die Verstecke von Jackal und Dog verraten würde. Sie lenkte ihre Schritte zur Höhle des Orakels, das ein unscheinbarer Hexer im wildesten Teil des Bezirks war.

Diesem neugierigen Wesen erzählte sie die Geschichte von der Ermordung ihres Jungen durch Schakal und Hund und bat ihn, ihr mitzuteilen, mit welchen Mitteln sie die Verbrecher entdecken und an ihnen Rache nehmen könne.

Das Orakel antwortete: „Der Schakal ist in den wilden Wald gegangen, und er und seine Familie werden von nun an immer dort bleiben, um mit der Zeit zu einer misstrauischen und feigen Rasse zu verkommen. Der Hund ist geflohen, um im Haus des Menschen Zuflucht zu suchen, sein Gefährte und Freund zu sein und dem Menschen gegen dich und deine Artgenossen zu dienen. Aber damit du mich nicht des Bösen beschuldigst, werde ich dir sagen, wie du den Hund fangen kannst, wenn du klug bist und nicht zulässt, dass dein Temperament deine Vorsicht übersteigt. Nicht weit entfernt liegt ein Dorf, das einem der menschlichen Stämme gehört, in dessen Nähe sich ein großer Ameisenhaufen befindet, in dem jeden Morgen Motten im Sonnenschein des frühen Tages umherflattern. Etwa zur gleichen Zeit verlässt der Hund das Dorf, um zu spielen, herumzutollen und die Motten zu jagen. Wenn du nicht weit davon einen Schlupfwinkel findest, wo du still auf der Lauer liegen kannst, könntest du den Hund in einem unvorsichtigen Moment bei seinem täglichen Spiel fangen. Ich habe gesprochen.“

Leopardess dankte dem Orakel und zog sich zurück, grübelnd über seinen Rat. In dieser Nacht war der Mond sehr klar und hell, und sie schlich sich aus ihrer Höhle, ging genau nach Westen, wie ihr befohlen, und entdeckte in wenigen Stunden das Dorf und den Ameisenhügel, den das Orakel beschrieben hatte. In der Nähe des Hügels fand sie auch ein dichtes Buschwerk, das durch das hohe wilde Gras, das es umgab, noch dichter wurde. In dessen Tiefen kauerte sie sich nieder und wartete auf den Morgen. Im Morgengrauen war das Dorf, in dem Männer und Frauen lebten, in Aufruhr, und bei Sonnenaufgang wurden die Tore geöffnet. Etwas später machte sich Dog mit seinem wohlbekannten Bellen bemerkbar, als er herauskam, um seine Morgenübung zu machen. Ohne die Anwesenheit seiner ehemaligen, gefürchteten Herrin zu ahnen, sprang er den Hügel hinauf und begann, im Kreis zu laufen, um die lebhaften Motten zu jagen. Leopardess, getrieben von ihrer Wut, wartete nicht, bis Dog, müde von seinem Spiel, von selbst in die Büsche streunen würde, sondern sprang mit einem lauten Brüllen aus ihrem Versteck hervor. Dog, gewarnt durch ihre Stimme, die er gut kannte, klemmte den Schwanz ein und rannte durch das offene Tor und erschreckte seine neuen Herren, die mit schrecklichen Waffen in den Händen aus ihren Häusern strömten , sie verfolgten und sie erschlagen hätten, wenn sie nicht über den Zaun gesprungen wäre. So verlor Leopardess ihre letzte Chance, den Tod ihres Jungen zu rächen; aber als sie nach Hause schlich, war ihre Demütigung so groß, dass sie schwor, ihrem Jungen ewige Feindseligkeit gegenüber Dog und seinem ganzen Stamm beizubringen. Dog war auch überzeugt, dass seine verstorbene Herrin eine unversöhnliche Abneigung hegte, wenn sie beleidigt wurde, und wurde vorsichtiger, und ein fortgesetztes Leben mit seinen neuen Herren verstärkte seine Zuneigung zu ihnen. Als er schließlich heiratete und mit Nachkommen gesegnet wurde, brachte er seinen Welpen verschiedene Künste bei, mit denen sie sich immer mehr bei der Menschheit einschmeicheln konnten. Er lebte bis ins hohe Alter in Komfort und Wohlstand und hatte die Genugtuung, zu sehen, wie seine Familie in der Wertschätzung ihrer großzügigen Herren immer mehr wuchs, bis Hunde und Menschen zu unzertrennlichen Gefährten wurden.

Leopardin und ihr Junges zogen weit weg von dem Haus, das mit ihrem Unglück in Verbindung stand, doch obwohl die Zeit die Wunde ihres Verlusts heilte, indem sie sie jedes Jahr mit weiteren Jungen segnete, blieb ihr Hass auf Dog und seine Artgenossen bestehen und hält bis heute an. Und so wurde die freundschaftliche Kameradschaft, die während des goldenen Zeitalters Ugandas zwischen den Waldtieren herrschte, für immer zerstört.

Um die Wahrheit meiner Worte zu beweisen, denken Sie über die Sache nach. Denken Sie an den Affen, der beim geringsten Schrecken auf den Baum springt und nicht eher bleibt, bis er sich außer Reichweite befindet. Denken Sie an den Schakal in seiner freudlosen Einsamkeit tief im Innern der Erde oder in der entferntesten Felsnische, die er entdecken kann, immer auf der Hut vor Feinden, zu voller Misstrauen, um einen Freund zu haben, der selbstsüchtigste und feigste der Waldgemeinschaft. Der Leopard ist zu jeder Zeit, Tag und Nacht, der Feind jedes Tieres, außer des Löwen und des Elefanten. Und was den Hund betrifft: Wo ist der Mensch, der seine Treue, seinen Mut in Zeiten der Gefahr, seine wachsame Sorge für seine Interessen bei Nacht und seine ehrliche Liebe für die Familie, die ihn ernährt, nicht kennt? Meine Geschichte ist hier zu Ende.

Kapitel Elf.

Eine zweite Version der Geschichte vom Leoparden und dem Hund.

Sarboko, der ursprünglich aus Unyoro stammte, einem Land im Norden Ugandas, und als Page bei Mtesa, dem König von Uganda, angestellt war, beteuerte, dass seine Version der Entfremdung des Hundes von seinem Kumpel, dem Leoparden, der Wahrheit näher sei als die von Kadu. Als wir merkten, dass er aus einem ihm eigenen Grund zu unserer Unterhaltung beitragen wollte, versammelten wir uns wie üblich um das Lagerfeuer und bereiteten uns darauf vor, einer anderen Version einer Legende zuzuhören, die bei den meisten Stämmen in der Seenregion beliebt ist.

Wie der Hund den Leoparden überlistete.

In früheren Zeiten lebten ein Hund und ein Leopard wie Freunde zusammen in einer Höhle. Sie teilten und lebten gleich. Genau die Hälfte von allem und gleiche Anstrengungen waren die Bedingungen, unter denen sie lebten. Sie machten viele, viele berühmte Raubzüge auf die Herden und Hühner in den menschlichen Dörfern. Der Leopard war bei weitem der Stärkste und Kühnste und war der erfolgreichste Beutejäger. Der Hund lebte so gut von der Beute, die sein Freund nach Hause brachte, dass er schließlich fett und faul wurde und es ihm nicht mehr gefiel, nachts in den Regen und kalten Tau hinauszugehen, und um diese wachsende Gewohnheit vor dem Leoparden zu verbergen, musste er sehr schlau sein. Er erfand immer irgendeine Ausrede, um zu erklären, warum er nichts in die gemeinsame Speisekammer brachte, und schließlich kam er auf einen neuen Plan, um sich die Mühe und die Gefahr zu ersparen.

Eines Tages, kurz vor Einbruch der Dunkelheit, unterhielten sich Leopard und Hund gesellig, als Leopard sagte, er wolle in dieser Nacht eine schöne fette schwarze Ziege fangen, die er im Dorf gesehen hatte, das ihrer Höhle am nächsten lag. Er hatte beobachtet, wie sie jeden Tag dicker wurde, und er wollte sie unbedingt mit nach Hause nehmen.

„Schwarz ist es?", rief der Hund. „Das ist seltsam, denn das ist auch die Farbe des Fisches, den ich heute Nacht fangen wollte."

Die beiden Freunde schliefen fast die ganze Nacht, doch als es Anzeichen dafür gab, dass der Morgen nicht mehr fern war, trotteten sie schweigend an ihre Arbeit.

Sie trennten sich in dem Dorf, das Leopard ausgeraubt hatte, und Hund flüsterte ihm „Viel Glück" zu. Hund trabte ein Stück davon und schlich zurück, um seinem Freund zuzusehen.

Leopard musterte verstohlen den hohen Zaun, sah eine Stelle, über die er springen konnte, und war mit einem Sprung im Dorf. Er schnüffelte herum, entdeckte den Ziegenpferch, brach hinein, packte seine Beute am Hals und zog sie heraus. Dann warf er sie über seine Schultern und landete mit einem gewaltigen Sprung außerhalb des Zauns.

Hund, der seine Chance genutzt hatte, rief nun mit gekünstelter Stimme: „Hi, hi – wach auf! Leopard hat die Ziege getötet. Da ist er. Ah, ah! Töte ihn, töte ihn!"

Als Leopard von dem Lärm erschreckt wurde und ein Rascheln im Gras neben sich hörte, war er gezwungen, seine Beute aufzugeben. Um sein eigenes Leben zu retten, ließ er die Ziege fallen und floh.

Der Hund kicherte laut über den Erfolg seiner List, hob die tote Ziege auf und trabte damit nach Hause in die Höhle.

„Oh, sieh mal, Leopard!", rief er, als er den Eingang erreichte, „was für eine fette Ziege ich in meinem Dorf habe. Ist sie nicht schwer? Aber wo ist deine? Hast du es doch nicht geschafft?"

„Oh! Ich wurde von den Besitzern im Dorf alarmiert, die mich verfolgten und schrien: ‚Töte ihn, töte ihn!' und dann raschelte etwas im Gras ganz in der Nähe, und ich dachte, ich wäre erledigt; aber ich ließ die Ziege fallen und rannte weg. Ich vermute, sie haben das Tier dabei gefunden und unser Fleisch gefressen. Aber egal, nächstes Mal haben wir mehr Glück. Ich habe eine schöne fette weiße Ziege im Pferch gesehen, die ich bestimmt morgen Abend fangen werde."

„Nun, das tut mir sehr leid, aber seien Sie guter Dinge. Sie sollen den gleichen Anteil davon haben wie ich. Machen wir uns ans Kochen."

Sie sammelten Stöcke, machten ein Feuer und begannen, das Brot zu rösten. Als es fast fertig war, ging der Hund nach draußen, nahm einen Stock, schlug auf den Boden und winselte:

„Oh! Bitte, ich war es nicht. Es war Leopard, der die Ziege getötet hat. Oh! Töte mich nicht. Es war Leopard, der sie gestohlen hat."

Als der Leopard die Schreie und die Stockschläge hörte, dachte er bei sich: „Ach! Die Männer sind uns bis zu unserer Höhle gefolgt und töten den Hund. Wenn ich nicht renne, werden sie auch kommen und mich töten." Also rannte er hinaus und entkam.

Als der Hund sah, dass er schon weit weg war, kehrte er kühl in die Höhle zurück und verschlang das ganze Fleisch, nur die Knochen blieben übrig.

Nach einer langen Zeit kehrte Leopard in die Höhle zurück und fand Hund, der jämmerlich stöhnte. „Was ist los, mein Freund?", fragte er.

„Ah! Oh! Fass mich nicht an, fass mich nicht an, ich flehe dich an. Ich bin so zerschrammt und am ganzen Körper tut es weh! Ach! Meine Knochen! Sie haben mich fast umgebracht", stöhnte Dog.

„Armer Kerl! Dann bleib ruhig liegen und ruh dich aus. Es gibt nichts Besseres als Ruhe für einen verletzten Körper. Beim nächsten Mal werde ich mir die weiße Ziege holen."

Nachdem er zwei oder drei Tage gewartet hatte, machte sich der Leopard auf den Weg, um die weiße Ziege zu holen. Der Hund schlich ihm nach und bediente seinen Freund auf die gleiche Weise. Er brachte die weiße Ziege selbst und prahlte damit, wie erfolgreich er es geschafft hatte, während er vorgab, den Leoparden wegen seines Pechs zu bemitleiden.

Dreimal hintereinander bediente ihn der Hund mit demselben Trick, und der Leopard war über seinen eigenen Fehlschlag sehr beschämt. Dann dachte der Leopard an Muzimu – das Orakel, das alles weiß und denen, die unglücklich sind und ihn um Hilfe bitten, so gute Ratschläge gibt – und er beschloss in seiner Not, ihn aufzusuchen.

Im Herzen der hohen, dunklen Wälder, wo das Buschwerk am dichtesten ist, wo Schlingpflanzen über die Büschel klettern, sich immer wieder um die Bäume winden und in langen Windungen am Ufer eines kühlen Baches hängen, lebte der Muzimu.

Leopard näherte sich leise dem heiligen Ort und rief: „Oh! Muzimu, hab Mitleid mit mir. Ich sterbe fast vor Hunger. Früher war ich mutig und stark und erfolgreich, aber jetzt, in letzter Zeit, passiert immer etwas, das mich verscheucht, obwohl ich meine Beute wie früher fange, und ich verliere das Fleisch, das ich erbeutet habe. Hilf mir, oh Muzimu, und erzähle mir, wie mein Glück zurückkehren kann."

Nach einer Weile antwortete der Muzimu mit tiefer Stimme: „Leopard, dein Unglück kommt von deiner eigenen Torheit. Du weißt, wie man Beute fängt, aber man muss ein Hund sein, um Beute zu fressen. Geh und pass auf deinen Freund auf, und dein Unglück wird verfliegen."

Leopard war nie sehr weise, obwohl er gute Augen hatte und schnell und mutig war, und er dachte über das nach, was der Muzimu gesagt hatte. Er konnte nicht verstehen, auf welche Weise sein Glück zurückkehren würde, wenn er seinen Freund beobachtete, aber er beschloss, dem Rat des Muzimu zu folgen.

In der nächsten Nacht verkündete Leopard, er wolle eine graubraune Ziege fangen, und Hund sagte: „Ach! Das habe ich auch vor. Ich finde eine graubraune Ziege so süß."

Das Dorf wurde erreicht, eine niedrige Stelle im Zaun wurde gefunden, und Leopard war blitzschnell drüben und unter den Ziegen. Mit einem Hieb schlug er sein Opfer tot, warf es über seine Schultern und trug es mit einem schnellen Sprung nach draußen. Hund, der sich in der Nähe der Stelle versteckt hatte, rief mit seltsamer Stimme: „Ah! Da ist er – der Dieb eines Leoparden! Töte ihn! Töte ihn!"

Leopard drehte den Kopf herum, sah ihn im Gras und hörte ihn schreien: „Awu-ou-ou! Awu-ou-ou! Töte ihn! Töte ihn!" Er ließ die Ziege für einen Augenblick fallen und sagte: „Ah, du bist es, mein falscher Freund, nicht wahr? Warte ein bisschen, und ich werde dir zeigen, wie du einmal zu oft stehlen kannst." Mit Augen wie Feuerbälle stürzte er sich auf ihn und hätte ihn in Stücke gerissen, aber der Instinkt des Hundes sagte ihm, dass das Spiel, das er gespielt hatte, aus war, und er klemmte den Schwanz zwischen die Hinterbeine, drehte sich um und rannte um sein Leben. Er rannte rund um das Dorf, schoss hierhin und dorthin, bis er merkte, dass ihm die Kräfte verließen, und schließlich rannte er durch eine Lücke im Zaun, direkt in das Haus eines Mannes und unter das Bett, wo er keuchend und schnaufend liegen blieb. Als er sah, dass der Mann, der durch sein plötzliches Eintreten erschrocken war, im Begriff war, seinen Speer zu nehmen, um ihn zu töten, kroch er unter dem Bett hervor zu den Füßen des Mannes, leckte sie und drehte sich auf den Rücken, um Gnade zu flehen. Der Mann hatte Mitleid mit ihm, fesselte ihn und machte ihn zu seinem Haustier. Seitdem sind Hund und Mensch enge Freunde, aber zwischen Hund und Leopard herrscht ein tödlicher Hass. Der Rücken des Hundes sträubt sich immer, wenn sein Feind in der Nähe ist, und es gibt keine zuverlässigere Warnung vor der Anwesenheit des Leoparden als die des Hundes – während der Leopard

lieber einen Hund als eine Ziege fressen würde. Auf diese Weise – so habe
ich es in Unyoro gehört – wurde die Freundschaft zwischen Leopard und
Hund zerstört.

Kapitel Zwölf.

Die Legende von der schlauen Sumpfschildkröte und dem Kranich.

Die folgende Geschichte von der schlauen Sumpfschildkröte und dem Kranich begründete Kadus Ruf bei uns, und die Sansibaris waren noch nie so amüsiert wie an diesem Abend.

„Meister", begann Kadu, nachdem wir es uns vor einem hellen und knisternden Feuer gemütlich gemacht hatten, „manche Menschen sagen, dass Tiere nicht denken und sich nicht ausdrücken können, aber ich möchte wissen, wie es kommt, dass wir erkennen, dass in ihren Handlungen große Schlauheit steckt, als ob sie im Voraus berechnet hätten, wie sie handeln und was das Ergebnis sein würde. Wir Waganda denken, dass Tiere sehr schlau sind. Wir beobachten den Hahn im Hof und die Henne mit ihren Küken; den Leoparden, wenn er sich auf seine Beute stürzt; den Löwen, wenn er angreifen will; das Krokodil, wenn es sich auf seinen Ansturm vorbereitet; den Büffel im Schatten, wenn er auf den Jäger wartet; den Elefanten, wenn er strammsteht; und wir sagen uns, wie intelligent sie sind! Unsere Legenden basieren alle auf diesen Dingen, und wir interpretieren die Handlungen der Tiere, indem wir ihre Methoden gesehen haben; und ich denke, Menschen hätten in denselben Umständen nicht viel besser handeln können. Es mag Ihnen so vorkommen, als ob wir Ihnen bloße Geschichten erzählen würden, um Sie zum Lachen zu bringen. Nun, es mag sehr unterhaltsam sein, davon zu hören und darüber zu sprechen, aber es ist noch unterhaltsamer, den Tricks von Tieren und Insekten zuzusehen, und unsere Alten zitieren gern die Handlungen von Tieren, um uns als Kinder zu lehren, was wir tun sollen. Tatsächlich gibt es kaum ein Sprichwort, das nicht auf etwas beruht, was man ein Tier irgendwann einmal tun sah.

„Die Geschichte, die ich jetzt erzählen werde, ist sehr alt und stammt aus Uganda. Ich habe sie als Kind gehört, und da man sagte, eine Sumpfschildkröte sei so schlau, habe ich nie gern eine Sumpfschildkröte misshandelt, und jedes Mal, wenn ich eine sehe, kommt mir die Geschichte in ihrer ganzen Frische in den Sinn."

Eine Sumpfschildkröte und ein Kranich reisten einmal sehr gesellig zusammen. Sie begannen ihr Gespräch mit der Frage der Sumpfschildkröte:

„Wie geht es Ihrer Familie heute, Miss Crane?"

„Oh, schon gut. Mama wird alt und beschwert sich ab und zu, das ist alles."

„Aber weißt du, dass sie mir sehr fett vorkommt?", sagte Terrapin. „Jetzt ist mir gerade ein Gedanke gekommen, den ich dir gerne vorlegen möchte. Meine Mutter ist auch kränklich, und ich bin es ziemlich leid, mir Tag für Tag ihre Klagen anzuhören; aber sie ist außerordentlich mager und zäh, obwohl sie viel von sich hat. Ich frage mich, was du zu meinem Plan sagen wirst? Wir sind beide hungrig. Also lass uns gehen und deine Mutter töten und sie essen; und morgen kommst du zu mir, und wir werden meine Mutter töten. So werden wir einige Tage lang mit Fleisch versorgt sein."

Der Kranich antwortete: „Die Idee gefällt mir sehr gut und ich bin damit einverstanden. Lasst uns sofort loslegen, denn der Hunger ist eine anspruchsvolle Herrin und es gibt häufiger Fastentage als Sättigungstage."

Die Muttermörder machten kehrt und als sie das Haus von Mrs. Crane erreichten, packten die beiden grausamen Kreaturen Mama Crane und töteten sie. Dann rissen sie sie sauber und legten ihren Körper in den Kochtopf, und Terrapin und Crane aßen gemeinsam.

Terrapin kroch dann nach Hause und ließ Crane schlafen und die Verdauung durchführen. Aber ach! Crane wurde bald sehr krank. Ob Gewissensbisse die Verdauung störten oder nicht, kann ich nicht sagen, aber sie verbrachte eine unruhige Nacht und verließ danach mehrere Tage lang ihr Haus nicht.

Als die Sumpfschildkröte das Haus ihrer Mama erreichte, das in einer Baumhöhle lag, rief sie:

„Tu-no-no-no!", woraufhin Mrs. Terrapin sagte: „Oh, das ist mein Kind", und sie ließ eine Kordel herunter, an der sich der junge Terrapin festmachte, und wurde zum Nest geführt, wo die Mutter bereits ein schönes Abendessen für ihn vorbereitet hatte.

Einige Tage später machte sich Terrapin auf den Weg durch den Wald zu dem Teich, in dem er normalerweise badete, als er am Wasserufer auf Miss Crane traf, die anscheinend wieder ganz munter und stark war.

Sie begrüßte Terrapin und sagte: „Oh, da bist du ja endlich. Ich habe schon eine ganze Weile darauf gewartet, dich zu sehen."

„Ja", antwortete Terrapin, „hier bin ich, und du – wie fühlst du dich jetzt? Meine Nachbarn haben mir gesagt, du wärst sehr krank."

„Mir geht es wieder gut", sagte Miss Crane, „aber ich glaube, meine alte Mama war nicht meiner Meinung, und mir ging es ein paar Tage lang ziemlich schlecht. Jetzt bin ich gespannt, wann Sie Ihren Teil der Abmachung einhalten, die wir getroffen haben."

„Was – du meinst mit der Beseitigung meiner alten Mutter?"

„Ja, auf jeden Fall", antwortete Crane, „ich habe ziemlichen Hunger."

„Gut, gut. Abmachungen sollten immer eingehalten werden, denn wenn der Blutschwur gebrochen wird, folgt Unglück. Der Tod Ihrer Mutter lastet auf meinem Haupt, und ich beabsichtige, Ihre Gastfreundschaft mit Zinsen zu erwidern, sonst könnte meine Schale bald leer sein. Bleiben Sie eine Weile hier und ich werde sie bringen."

Mit diesen Worten ging Terrapin fort und schlich dorthin, wo er heimlich eine Menge Gummi für den Anlass verstaut hatte. Nachdem er eine ganze Menge davon herausgenommen hatte, kehrte er zum Teich zurück, wo Miss Crane erwartungsvoll auf einem Bein stand und freundlich blinzelte.

„Ich fürchte, Schwester Crane", sagte Terrapin, als er seine Last ablegte, „dass Sie meine alte Mutter zäh finden werden. Sie ist viel magerer geworden, als ich erwartet hatte. Sie hat nicht mehr Fett auf den Knochen als ich auf dem Rücken. Aber nun, machen Sie sich bereit und seien Sie willkommen. Es gibt dort reichlich. Ich selbst bin nicht hungrig, da ich gerade mit dem Abendessen fertig bin."

Miss Crane war mit ihrem leeren Magen nicht wählerisch und ging eifrig zu dem Festmahl, das ihr so treu zur Verfügung gestellt wurde, und begann, das, was Terrapin mitgebracht hatte, zu zerreißen. Der Gummi jedoch, den der gierige Crane gespannt hatte, flog plötzlich von ihrem Fuß und traf sie beim Zurückprallen mit einem heftigen Schlag ins Gesicht.

„Oh! Oh!", rief Crane, verwirrt von dem Schlag. „Deine alte Mama ist ganz schön hart im Nehmen."

„Ja, das ist sie. Ich hatte schon vermutet, dass sie sich als etwas zäh erweisen würde", antwortete Terrapin mit einem Kichern. „Aber sei nicht schüchtern. Iss ruhig und sei willkommen."

Wieder zog Miss Crane an dem Gummi, um es zu zerreißen, doch je mehr es gedehnt wurde, desto heftiger waren die Schläge, die sie bekam, und ihr linkes Auge erblindete fast.

„Also, ich nie", rief Miss Crane. „Sie ist insgesamt zu hart."

„Versuchen Sie es noch einmal", rief Terrapin. „Versuchen Sie es noch einmal; es heißt, dass eine Fliege nach und nach den Schwanz einer Kuh frisst. Mit der Zeit werden Sie ein seltenes und zartes Stückchen bekommen."

Miss Crane drückte also, tat dies, schnappte sich ein Stück, legte es zurück und zog so fest daran, dass der Gummi, als er schließlich abrutschte, mit solcher Wucht zurückprallte, dass sie der Länge nach zu Boden geschleudert wurde.

„Wieso, was ist denn los?", fragte Terrapin und tat so, als sei sie erstaunt. „Sie ist zäh, das gebe ich zu, aber meine Güte! Unsere Familie ist für ihre Zähigkeit bekannt. Je zäher es jedoch ist, desto länger liegt es im Magen. Versuchen Sie es noch einmal, Schwester Crane. Ich garantiere Ihnen, dass Sie es beim nächsten Mal schaffen werden."

„Ach, mach deiner alten Mutter keine Angst. Iss sie selbst. Ich habe genug von dieser Art Fleisch."

„Du gibst es auf, oder?", rief Terrapin. „Ja, ja, es ist schade, gutes Fleisch wegzuwerfen. Vielleicht wird es mit der Zeit zarter, wenn ich es länger aufbewahre."

So trennten sie sich. Terrapin trug seinen Anteil Gummi in die eine Richtung davon, und Miss Crane schritt voller traurigem Ekel in die andere Richtung mit majestätischen Schritten davon, hielt jedoch angestrengt nach etwas Ausschau, um ihren Hunger zu stillen.

Als sie ein großes Stück zurückgelegt hatte, kreuzte ein Papagei ihren Weg, ließ sich auf einem Ast in ihrer Nähe nieder und rief: „Oh, königlicher Vogel, sag, seit wann ist Gummi die Nahrung der Familie des Vogelkönigs?"

„Was meinst du, Papagei?", fragte sie.

„Also, ich habe gesehen, wie du gerade an einem Stück Gummi gerissen hast, und als ihr losmarschiert seid, hat Terrapin es weggetragen, und ich habe ihn sagen hören – weil er die Angewohnheit hat, seine Gedanken laut auszusprechen – ‚Oh, wie dumm meine Schwester Crane ist! Sie denkt, meine Mama ist tot. Ho, ho, ho! Wie dumm!' Und die ganze Zeit hat er gekichert und gelacht, als wäre er mit Bananenwein vollgestopft."

„Ist seine Mutter also nicht tot?", fragte Miss Crane.

„Tot! Nicht im Geringsten", antwortete Parrot. „Ich habe gerade eben die alte Mutter Terrapin gesehen, als ich an ihrem Baum vorbeiflog, wie sie auf ihren Sohn wartete, und das Seil ist bereit für seinen Schrei: ‚Tu-nein-nein-nein. Ano-nein-nein. We-nein-nein-nein!'"

„Ah, Papagei, deine Worte sind gut. Wenn wir wissen, was ein anderer hinter unserem Rücken sagt, entdecken wir, wie sein Herz funktioniert. Die Worte von Terrapin sind wie der Busch, der die Falle bedeckt. Auf Wiedersehen, Papagei. Wenn wir uns das nächste Mal treffen, werden wir eine andere Geschichte zu erzählen haben."

Am nächsten Tag bemerkte Terrapin, wie Miss Crane sich seinem Haus näherte, und ging ein Stück weit auf sie zu.

„Also, Schwester Crane, ich hoffe, es geht Ihnen heute Morgen gut?", fragte er.

„Oh ja, so ist es, Bruder Terrapin. Aber Sie müssen mich jetzt entschuldigen; ich habe schlechte Nachrichten von meiner Familie gehört. Einer meiner Brüder und Schwestern sind plötzlich krank geworden und ich muss sie unbedingt besuchen", antwortete Crane.

„Ah, Miss Crane, das erinnert mich an meinen eigenen Bruder und meine Schwester, die zwar viel jünger sind als ich, aber sehr sanft und zärtlich. Was halten Sie jetzt davon, einen weiteren Handel abzuschließen?", fragte Terrapin mit einem Augenzwinkern.

„Sie sind sehr gut, Terrapin. Ich werde im Laufe der Zeit daran denken. Ich werde morgen vor Mittag zurück sein, und dann werden wir über einen Handel sprechen." Sie waren sehr höflich zueinander, als sie sich trennten. Terrapin machte seinen üblichen Spaziergang zum Teich, Miss Crane besuchte ihre Familie, murmelte aber:

„Ha, ha, Terrapin, du bist ein großer Handwerker, aber du wirst nicht so schnell wieder einen mit mir machen, bis unser erstes Geschäft beglichen ist."

Nachdem sie ein Stück gegangen war, drehte sie sich plötzlich um, kam zum Fuß von Terrapins Baum zurück und rief:

„Tu-nein-nein-nein. Ano-nein-nein-nein. Wir-nein-nein-nein!"

„Ah, das ist die Stimme meines Kindes", sagte sich Mutter Terrapin und ließ das Seil herunter.

Miss Crane hielt sich fest und kletterte zum Nest hinauf. Ma Terrapin streckte ihren Hals weit hinaus, um ihr Kind willkommen zu heißen, doch bevor sie entdecken konnte, wie die kleine Terrapin ihr Kleid gewechselt hatte, schlug Miss Crane Ma Terrapin mit ihrem langen, spitzen Schnabel an die Stelle, wo Hals und Schulter aufeinandertreffen, und in kurzer Zeit war Ma Terrapin so tot wie Miss Cranes eigene Mutter.

Der Körper wurde aus dem Nest gerollt und fiel herunter, und Miss Crane rutschte ihm schnell hinterher.

An einem ruhigen, von dichtem Gebüsch abgeschirmten Ort machte Miss Crane ein großes Feuer, wodurch Ma Terrapins dicker Panzer aufbrach. Dann löffelte sie das Fleisch heraus, trug es zu sich nach Hause und verstaute es in einem großen schwarzen Topf.

Am nächsten Tag stand Miss Crane auf einem Bein am Teich, den Kopf halb in den Federn vergraben. Wer kam da, außer Terrapin, die bitterlich weinte und sagte: „Ah, meine Mama ist tot. Meine alte Mama wurde getötet. Wer hilft mir jetzt?"

Miss Crane tat so, als ob sie schliefe, hörte aber jedes Wort. Als Terrapin jedoch in der Nähe war, wachte sie plötzlich auf und sagte fröhlich:

„Ah! Es ist Terrapin, mein kleiner Bruder Terrapin. Wie geht es dir heute?"

Da Terrapin seinen eigenen Angaben zufolge bereits seine Mutter umgebracht hatte, kam ihm der Gedanke, dass es nicht angebracht wäre, Miss

Crane des Mordes zu beschuldigen, da er damit seinen Treuebruch ihr gegenüber offenlegen würde. Doch in diesem Moment stieg ihm der Geruch des gebratenen Fleisches von Ma Terrapin in die Nase, und er wusste, dass es Crane war, der seinen Trick entdeckt und sie getötet hatte.

Es gelang ihm jedoch, zügig zu antworten:

„Sissy, Liebes, ich bin nur erträglich. Aber wie geht es deiner Familie heute?"

„Meinem Bruder und meiner Schwester geht es viel besser, Terrapin. Sie sind beide so fett wie Talg. Übrigens, was ist mit dem Handel, den du mir vorgeschlagen hast?"

„Ich bin jederzeit zu einem Tausch bereit, Miss Crane. Wann soll es sein?"

„Es gibt keinen besseren Zeitpunkt als den jetzigen. Wenn Sie bis ans andere Ende des Teichs joggen, werde ich hier mein Haus einrichten und Sie bald einholen."

Terrapin zeigte sich höchst erfreut und trottete dahin; doch als er ein Stück gegangen war, überkam ihn seine schlechte Angewohnheit, laut zu denken, und man hörte ihn sagen:

„Meine arme Mama! Meine arme Mama ist tot! Oh, du böser Kranich! Am Geruch des Fleisches erkenne ich, dass du meine Mama getötet hast. Was kann ich jetzt tun?"

Miss Crane wusste dann, dass sie entdeckt worden war, und sie dachte, es sei an der Zeit, in ein anderes Gebiet zu ziehen, denn Terrapin hatte viele Freunde im Wald, wie Kaninchen, Schakale, Löwen und Schlangen, und wenn Terrapin so laut stöhnte, würden alle Leute im Wald wissen, was sie getan hatte, und viele würden ihm zweifellos helfen, sie zu bestrafen. Als sie in Gedanken nach dem besten Ort suchte, erinnerte sie sich an einen extrem hohen Baum, der nicht weit von Terrapins Haus entfernt war, einen sehr hohen Baum mit glattem Schaft, auf dessen Spitze sie vor Überraschungen sicher wäre.

Dorthin brachte sie hastig ihre Sachen und richtete sich bald bequem ein. Sie hatte sich auch einen Vorrat an starken Stöcken zugelegt, die sie im Notfall als Waffen verwenden konnte.

Terrapin kroch derweil weiter und stöhnte laut seine Klagen. Plötzlich sprang Rabbit aus dem Wald und stellte sich ihm in den Weg. Er wurde sich bald des Verlusts von Terrapin bewusst und bekundete sein tiefes Mitgefühl. Terrapin erzählte die Geschichte auf eine Weise, die Miss Crane wie eine Mörderin erscheinen ließ, an der die Menschen des Waldes Rache nehmen sollten.

„Dann", sagte Rabbit, „muss das Miss Crane sein, die ihr Haus ganz oben auf dem großen Baum in Ihrer Nähe baut."

„Ist sie das?", fragte Terrapin. „Das wusste ich nicht. Sie hätte mich hier treffen sollen, aber ich sehe, dass sie weiß, dass sie entdeckt wurde, und bereits Maßnahmen ergreift, um sich zu schützen. Aber, Kaninchen, du, der du immer weise bist, sag mir, wie ich mich rächen kann?"

„Es gibt nur einen Weg, den ich kenne", antwortete das Kaninchen zweifelnd. „Gehen Sie zum Soko (Gorilla?), aber er ist ein harter Dealer, der Sie für seine Hilfe gut bezahlen lässt. Soko ist der König der Affen. Wenn Sie ihn gut bezahlen, wird er ein Seil an Kranichs Nest befestigen, auf das Sie klettern können, wenn sie nicht da ist. Liegen Sie dort ruhig und wenn sie landet, schnappen Sie sie."

Terrapin war von dem Plan sehr angetan und da er nach dem Verlust seiner Mutter über ein schönes Anwesen verfügt hatte, dachte er, er hätte genug, um Sokos Hilfe zu erkaufen.

Durch die guten Dienste von Rabbit kamen Verhandlungen mit Soko zustande, der sich bereit erklärte, für einen Topf voll guter Nüsse, zehn Bündel reifer Bananen, einhundert Eier und diverse andere Kleinigkeiten ein robustes Rattangerüst an Kranichs Nest aufzuhängen, das lang genug war, um bis zum Boden zu reichen.

Der königliche Vogel wurde bald von dem Papagei, der gerne Geschichten erzählt, über die Verschwörung gegen sie informiert, und Miss Crane beschloss, nicht zu Hause zu bleiben, während Soko den Klettergurt befestigte, beauftragte jedoch ihren Freund, den Papagei, das Geschehen zu beobachten und ihr Bericht zu erstatten, wenn Soko seine Aufgabe erledigt hatte.

Soko erledigte seine Aufgabe zügig. Terrapin testete die Stärke des Rattans und musste gestehen, dass Soko seinen Lohn verdient hatte. Rabbit begleitete Terrapin und Soko zu Terrapins Haus, um zu sehen, wie Soko seine Provision erhielt.

Als sie abflogen, flog Parrot los, um Miss Crane zu informieren, die sofort in ihr Haus zurückkehrte, um auf ihren Feind zu warten.

Nicht lange danach erreichte Terrapin den Fuß von Cranes Baum und begann hinaufzuklettern. Er hatte fast die Spitze erreicht, als Miss Crane aufstand und Terrapin einen so heftigen Schlag auf den Rücken versetzte, dass dieser den Halt verlor und zu Boden fiel. Als Terrapin wieder zu sich kam, hörte er Miss Crane schreien:

„Ha! Bruder Terrapin, das war ein böser Sturz. Du erinnerst dich doch an den Gummi, oder? Nichts ist so gut wie der Rat, den du mir gegeben hast. Versuch es noch einmal, Terrapin, mein Bruder. Versuch es noch einmal.“

„Du hast meine Mutter getötet, nicht wahr?“, fragte Terrapin.

„Ich dachte, Sie hätten mir gesagt, Sie hätten sie gemäß der Vereinbarung getötet. Wie können Sie dann behaupten, ich hätte sie getötet?“, fragte Miss Crane.

„Das war nicht meine Mutter, die ich dir gegeben habe. Es war nur ein Klumpen Gummi.“

„Ho, ho! Du gestehst es also? Nun, wir sind jetzt quitt. Du hast mich dazu gebracht, meine Mutter zu töten, und da du deinen Teil der Abmachung nicht einhalten konntest, habe ich dir die Mühe erspart. Meine Mutter war mir genauso viel wie deine Mutter dir. Wir haben jetzt beide unsere Mütter verloren. Also lass uns quitt sein und wieder Freunde sein.“

Terrapin zögerte, aber die Erinnerung an den Verlust seiner Mutter ließ bald die alte Bitterkeit wieder aufleben und er wurde so unversöhnlich wie immer. Miss Crane musste jedoch davon überzeugt werden, dass die Sache vergeben war, sonst würde er nie die Gelegenheit haben, den Tod seiner Mutter zu rächen.

„Schon gut, Crane", antwortete er, „aber lass mich heraufkommen und dich dabei umarmen, oder steigst du herunter und wir geben uns die Hand."

„Kommen Sie unbedingt herauf, Terrapin. Ich bin immer zu Hause, wenn ich Freunde habe", sagte Miss Crane.

Daraufhin begann Terrapin zu klettern, doch während er aufstieg, fing er dummerweise wieder an, laut zu denken, und man hörte ihn sagen:

„Oh ja, Schwester Crane. Warte nur ein bisschen, dann wirst du sehen. He, he, he!"

Miss Crane, die ruhig zuhörte, hörte Terrapins Kichern und Murmeln und bereitete sich darauf vor, ihn gebührend zu empfangen. Als er in Reichweite war, rief sie: „Halt fest, Terrapin", und begann sofort, ihm heftige Schläge auf den Rücken zu verpassen. Dann legte sie den Stock so heftig auf seine Füße, dass er sie, um sie zu schützen, in seinen Panzer zurückziehen musste, wodurch er den Halt verlor und mit solcher Wucht zu Boden fiel, dass der große Sturz für alles andere als eine Sumpfschildkröte sofort tödlich gewesen wäre.

„Versuch es noch einmal, Terrapin; versuch es noch einmal, mein Bruder. Ein anderes Mal und du wirst Erfolg haben", rief Miss Crane spöttisch.

Terrapin kam nach dem zweiten Sturz langsam wieder zu sich und rief: „Ach, Crane, Crane. Wenn ich ein zweites Mal auf dich höre, nenn mich einen Narren. Gestern und heute hast du gesiegt, morgen bin ich an der Reihe."

„ *Kwa-le, kwa-le* ", rief Miss Crane schrill. „Mein Baum wird morgen dort stehen, wo er heute stand. Du kennst den Weg dorthin; wenn nicht, wird dein Hass ihn finden."

Terrapin trottete davon, um den Löwen zu suchen. Als er ihn gefunden hatte, flehte er ihn so eindringlich an, dass der Löwe großes Mitleid mit ihm hatte und antwortete: „Ich kann dir in dieser Angelegenheit nicht helfen, denn ich bin nicht dafür geschaffen, auf Bäume zu klettern. Geh und erzähle Jackal deine Geschichte, und er wird dir einen Rat geben können."

Terrapin folgte dem freundlichen Rat und suchte den Schakal auf, dem er seine traurige Geschichte erzählte. Der Schakal belohnte ihn mit einem mitfühlenden Seufzer und sagte: „Freund Terrapin, meine Zähne sind scharf und meine Füße sind schnell, aber obwohl ich so glücklich ausgestattet bin, habe ich keine Flügel zum Fliegen. Geh und suche Elefant. Seine Kraft ist so groß, dass er vielleicht in der Lage sein wird, den Baum für dich umzureißen."

Terrapin machte sich auf die Suche nach dem Elefanten und entdeckte ihn nach langem, geduldigem Gehen im Schatten, wo er grübelnd vor sich hin hockte. Terrapin schüttete ihm sofort seine ganze Trauer aus und bat ihn mitleiderregend um Hilfe.

„Kleine Sumpfschildkröte", antwortete der freundliche Elefant, „deine Geschichte ist düster. Aber obwohl ich stark bin, gibt es einige Dinge, die ich nicht tun kann. Miss Cranes Haus ist auf einem der größten Bäume des Waldes gebaut, und man müsste zwanzig Elefanten einsetzen, um es umzureißen. Du brauchst Weisheit und nicht Stärke. Geh und suche die Schlange, und sie wird dir helfen."

Von dort machte sich Terrapin auf die Suche nach Serpent und fand ihn nach langem Suchen in vielen glänzenden Falten zusammengerollt in der Astgabel eines kräftigen Baumes.

„Ach, Schlange", rief er, „du bist ein Verwandter von mir, und ich habe dich schon lange gesucht. Ich bin in großer Not, mein Freund", und er begann, leidenschaftlich über Miss Crane zu schimpfen und schloss mit der Bitte um seine Hilfe.

„Hilf mir heute", rief Terrapin, „und du wirst mein Vater und meine Mutter und alle meine nächsten Verwandten in einem sein."

„Es ist gut", antwortete die Schlange in ihrer langsamen, bedachten Art. „Miss Crane wird sterben, und hier schließe ich einen Pakt mit Ihnen. In Zukunft wird es zwischen Ihrer und meiner Familie keine Feindschaft mehr geben. Gehen Sie jetzt und ruhen Sie in Frieden, denn Cranes Schicksal steht fest.“

In der Dunkelheit der Nacht erwachte Serpent aus seinem Schlaf, wand sich, kletterte den Baum hinab und glitt geräuschlos über den Boden zu Miss Cranes Baum. Der hohe, saubere Schaft konnte diese steilen Bewegungen nicht aufhalten, und Serpent stieg stetig empor, bis er die Gabelung erreichte. Von dort bewegte er sich mit einer fast unmerklichen Bewegung auf das Nest zu. Die arme Miss Crane schlief tief und fest und träumte vom Sturz von Terrapin, während Serpent sein Glied um einen dicken Ast schlang und sich zum Schlagen bereit erhob. So schnell man nur blinzeln konnte, stürzte sich Serpent auf die Vogelkönigin, und im Nu lag sie zerquetscht und zerfetzt da. Dann packte Serpent ihren Körper mit seinen Kiefern, glitt den Schaft des Baumes hinab, suchte Terrapins Haus auf und legte ihre Überreste vor ihm nieder. Terrapin war überglücklich und lud Serpent ein, das köstliche Festmahl, das der Körper von Miss Crane bot, mit ihm zu teilen.

Von diesem Tag an sind Serpent und Terrapin enge Freunde geblieben und keiner von beiden hat jemals die feierliche Vereinbarung gebrochen, die sie an dem Tag getroffen hatten, als Terrapin Serpent um Hilfe gegen die Vogelkönigin bat.

Kapitel Dreizehn.

Die Legende von Kibatti, dem Kleinen, der alle großen Tiere besiegte.

Ich habe mein Bestes getan, um die Geschichte möglichst getreu zu übersetzen und den Sinn des Gesagten wiederzugeben, doch ich verzweifle daran, die kleinen Details und Schnörkel wiederzugeben, die Kadu so gut mit seiner Stimme, seinen Gesten und seinem beweglichen Gesicht auszudrücken verstand.

„Freunde und freie Menschen", sagte er, als wir alle zuhörten, „wenn ein Menschensohn weiß, wie man Ärger zeigt, muss ich Ihnen, die Sie Reiseerfahrung und Erfahrung mit der Natur der Tiere haben, nicht sagen, dass auch die Tiere der Wildnis wissen, wie sie ihren Groll und ihre Leidenschaften zeigen." Die Legende von Kibatti dreht sich darum.

Vor langer Zeit versammelten sich die größten Tiere der Welt, darunter Elefanten, Nashörner, Büffel, Löwen, Leoparden und Hyänen, zu einer Versammlung mitten in einem Wald unweit eines Dorfes an der Grenze zu Uganda. Der Elefant, der allgemein als der Stärkste angesehen wurde, hatte den Vorsitz bei dieser Versammlung.

Er schwenkte seinen Rüssel und trompetete, um zum Schweigen aufzufordern, und sagte: „Freunde, wir sind heute zusammengekommen, um zu überlegen, wie wir die Verletzungen, die uns und unseren Verwandten täglich von den Menschensöhnen zugefügt werden, in gewissem Maße wiedergutmachen können. Nicht weit von hier liegt ein Dorf, aus dem die bösartigen zweifüßigen Tiere ausziehen, um gegen uns alle Krieg zu führen, die wir doppelt so viele Füße haben wie sie selbst. Ohne Feindseligkeit anzukündigen oder den Grund bekannt zu geben, verlassen sie Tag für Tag absichtlich ihre kegelförmigen Nester, mit der bösen Absicht, jeden von uns anzugreifen, dem sie zufällig bei Sonnenschein begegnen. Deshalb haben wir uns auf gemeinsamem Boden versammelt, um zu überlegen, wie wir ihnen die mutwilligen Gewalttaten vergelten können, die sie täglich an unserer unglücklichen Art begehen. Persönlich habe ich viele Verletzungen der Elefanten meines Stammes zu verdanken, die ich wahrscheinlich nicht vergessen werde. Erst vor einer Woche fiel ein vielversprechendes Kind meiner Schwester in eine tiefe Grube und wurde auf einem kurzen Pfahl aufgespießt, der in den Boden der Grube eingelassen war; und nur wenige Tage zuvor fiel mein jüngster Bruder kopfüber in eine schrecklich tiefe Grube, die gegraben und kunstvoll mit Blättern und Gras verhüllt worden war, so dass niemand, außer jenen wie mir, die in ihren hinterlistigen Künsten erfahren waren, hätte entkommen können. Ihr seid alle, so nehme ich an, ähnlich verfolgt worden und habt schwere Verletzungen zu rächen. Ich warte darauf, zu hören, was ihr vorschlagt. Bruder Nashorn, du bist der Größte und Stärkere, der mir am nächsten kommt, sprich."

„Nun, Bruder Elefant und Freunde, die Worte, die wir gehört haben, sind wahr. Von allen Geschöpfen, die ich kenne, ist der Menschensohn derjenige, der uns Vierbeiner am mutwilligsten beleidigt. Es vergeht kein Tag, an dem ich nicht das Stöhnen und Klagen eines Leidenden höre. Vor nicht allzu langer Zeit blieb ein Cousin, der ruhig durch einen Wald nicht weit von hier ging, mit dem Fuß in einer Liane hängen, die quer über dem Weg lag, und fast unmittelbar danach wurde ihm von oben ein verhärteter und spitzer Pfahl tief in die Verbindung zwischen Hals und Wirbelsäule getrieben, was ihn natürlich sofort tötete. Ich bin durch unglaubliches Glück bisher entkommen, aber es könnte mein Schicksal sein, morgen durch eine üble Tat zu fallen. Deshalb denke ich, es wäre gut, wenn wir uns sofort an die Arbeit machen, wozu wir uns entschlossen haben. Ich schlage vor, dass wir uns früh am Morgen, bevor ein Sonnenstrahl zu sehen ist, über das Piratennest hermachen und es vollständig zerstören. Ich hasse sie so sehr, dass ich die Hälfte dieser Schurken selbst erledigen könnte, bevor sie wieder zu Sinnen kommen. Aber wenn einer von euch hier einen besseren Plan hat, werde ich ihm mit meinen Ohren zuhören, ihm mit meinem Herzen zustimmen und ihn mit meiner Kraft und Wut ausführen, ohne weitere Worte. Ich habe gesprochen."

„Nun, Freund Löwe", sagte der Elefant und wandte sich feierlich zu ihm um, „sag freimütig, was dir in dieser Angelegenheit einfällt. Wir alle kennen deinen Mut und keiner von uns zweifelt daran, dass dein Verstand ihm gewachsen ist."

„Wahrlich, Freund Elefant und ihr anderen, die Angelegenheit, die wir zu besprechen haben, ist dringend. Die Menschensöhne sind schlau und ihre List ist maßlos. Die vierfüßigen Stämme haben viel Grund, sich über mich und meine Familie zu beschweren. Doch niemand kann mich oder meine Familie beschuldigen, diejenigen, die wir zu schlagen beabsichtigen, ungerechtfertigt ausgenutzt zu haben. Wir warnen immer laut, wie ihr alle wisst, und schlagen danach zu; denn wenn wir dies nicht täten, würden selbst die Stärksten nur wenige unserer Rache entgehen. Doch diese widerwärtigen, zweifüßigen Bestien – ob mit Netzen, Fallen, fallenden Pfählen, Gruben oder Schlingen – sind in ihrer geheimen Bosheit unaufhörlich, und weder auf der Ebene, im Buschland noch in den Felsen sind wir vor ihren Listigkeiten sicher. Für das, was ich und meine Verwandten tun, gibt es einen guten Grund – nämlich, uns und unsere Jungen mit Fleisch zu versorgen; doch es übersteigt meinen Verstand, zu erkennen, was der Menschensohn mit all dem, was er zerstört, bezwecken könnte. Sogar unsere Knochen – wie zum Beispiel deine langen Zähne, oh Elefant – nehmen sie mit sich, und sogar meine. Ich habe gesehen, wie die Jünglinge der Menschheit die Zähne meiner

Schwester um den Hals baumeln ließen, und mein Fell scheint so kostbar zu sein, dass der König des Dorfes es über seinen schmutzigen schwarzen Lenden trägt. Dein Stamm, oh Elefant, hat nicht viel Grund, sich über mich zu beschweren, und du, Nashorn, es würde dein Gedächtnis belasten, mich irgendetwas gegen deine Familie vorzuwerfen. Bruder Leopard wird mich und die Meinen für unschuldig halten, ihm Schaden zuzufügen; das muss auch meine Cousine Hyäne. Freund Buffalo und unsere Familie haben manchmal einen heftigen Streit, aber es steckt keine Bosheit dahinter, das schwöre ich. Wohingegen der Menschensohn, Freunde, der gemeinsame Feind von uns allen ist – es ist entweder unser Fleisch oder unser Fell oder unser Fell oder unsere Zähne, die ihm fehlen, und sein ganzer Gedanke ist schlicht und einfach auf Zerstörung ausgerichtet. Wenn ihr mir folgen wollt, würde ich mich rühmen, euch jetzt schon gegen die Gemeinschaft anzuführen, und ich gebe euch mein Wort, dass nur wenige meinen Pfoten und Klauen entkommen werden. Da es jedoch unser Ziel ist, alles zu vernichten, damit niemand entkommt, stimme ich mit meinem Freund Rhinoceros überein, dass die Nacht in ihrer finstersten Nacht am sichersten ist. Glaubt mir deshalb, dass ich so scharf auf Rache bin und mich so leer fühle, dass nur die Hälfte von ihnen meinen Durst nach ihrem Blut stillen wird. Ich habe mein Wort beendet.“

„Nun, Freund Leopard, du folgst am besten deinem Cousin, und wir sind dir für deinen Rat dankbar“, sagte der Elefant.

Leopard wirbelte schnell mit seinem Schwanz herum, leckte sich die Lippen und sagte:

„Allem, was ihr, meine Freunde und Cousins, gesagt habt, stimme ich von ganzem Herzen zu und bezeuge es. Die Bosheit des Menschensohnes uns gegenüber ist grenzenlos. Sie ist auch bemerkenswert wegen ihrer Kaltblütigkeit und Leidenschaftslosigkeit. Wir haben unsere eigenen Streitereien im Wald – wie ihr alle wisst – und sie sind heftig und schnell, solange sie andauern, aber es gibt keine Vorsätzlichkeit oder Bösartigkeit in dem, was wir einander antun; aber der Mensch, dem wir lieber einen großen Bogen machen würden, wenn möglich, verfolgt jeden von uns, als ob seine Existenz von der bloßen Tötung abhinge, obwohl ich bemerke, dass er eine Fülle von Früchten hat, die jedes vernünftige Wesen des Affenstammes zufriedenstellen sollten. Da ich daher viele triftige Gründe habe, mich an ihm für seine zahllosen Vergehen gegen mich und meine Verwandten zu rächen, habe ich gerne an diesem Rat teilgenommen, und ich werde so weit gehen wie jeder von euch und noch weiter, wenn ich kann, um etwas von dieser Bosheit an ihm und seinem Stamm zurückzugeben. Ich schlage vor, dass die Nacht in ihrer dunkelsten Nacht für unseren Plan am besten ist. Während die Menschen sich in Träumen von unserer Ermordung ergehen, schlage ich vor, dass wir ihre Träume in Taten gegen sie selbst umsetzen. Elefanten, Nashörner und Büffel sind stark; lasst jeden seinen Stamm anführen, um ihre Nester anzugreifen, umzuwerfen und niederzutrampeln. Wir werden mit unseren Familien umherstreifen und jeden abschlachten, der ihnen entkommt. Das sind meine Worte."

„Nun, Freund Büffel, was sagst du?", fragte der Elefant. „Du bist ein treuer Freund und ein starker Feind. Wir können nur mit Respekt auf jemanden wie dich hören."

„Ach, Freund Elefant und ihr Stammeshäuptlinge, jedes Gefühl der Feindseligkeit gegenüber den niederträchtigen und boshaften Menschensöhnen, das ihr zum Ausdruck gebracht habt, findet ein Echo in meinem Innern. Wenn irgendjemandem hier Unrecht angetan wurde, dann vergrößert dieses Unrecht zehnfach, damit ihr versteht, wie intensiv ich die unbarmherzigen Zerstörer meiner Freunde und Verwandten hasse. Fragt mich nicht, wie ich sie töten würde, meine Wut ist so groß, dass ich nicht in der Lage bin, etwas zu erfinden. Erfindet selbst etwas und gebt mir die Methode. Alles, woran ich jetzt denken kann, ist die Freude, die ich empfinden werde, wenn meine Hörner in den Körpern der niederträchtigen und verräterischen Kreaturen erwärmt werden, die meine Frau, meinen Bruder, meine Schwester und mein Kind sowie unzählige meiner Verwandten mit Lanze und Schnur, Speer und Schlinge, Schwert und Pfahl, Trick und Falle ermordet haben. Ich werde meine Herde mit einer Freude, die nur mein Hass übertreffen kann, in die Mitte der bösartigen Gemeinschaft führen. Das ist alles, was ich zu sagen habe."

„Nun, mein guter Freund Hyäne. Du bist der Einzige, dessen Gefühle noch unbekannt sind. Sprich und lass uns deine Weisheit in dieser Angelegenheit hören."

Die Hyäne stieß ein spöttisches Lachen aus und sagte: „Meine lieben Freunde und Cousins: Die Nacht passt mir gut, denn dann bin ich in meinem Element. Ich kann sagen, dass ich eine große Familie habe, die immer hungrig ist. Es wird ihnen in der Tat ein Grund zum Lachen sein, von Ihrem guten Vorhaben zu hören. Diese deutliche Maßnahme gerechter Rache an denen, die an kalter Grausamkeit alles übertroffen haben, was Generationen des vierfüßigen Stammes der wildesten Art getan haben, wurde lange hinausgezögert. Vögel und Tiere, vom Kleinsten bis zum Größten, sind der Zerstörungslust des Menschen zum Opfer gefallen. Zwar sind meine Artgenossen dem Menschen oft für Knochen und Abfälle zu Dank verpflichtet, aber was wir gegessen haben, geschah zutiefst gegen seinen guten Willen; und deshalb schulden wir ihm keinen Dank. Die Jungen der menschlichen Gemeinschaft werden saftige Leckerbissen für meinen Stamm sein, wenn das Signal zum Angriff gegeben wird. Von ganzem Herzen sage ich, lasst es heute Nacht geschehen. Ich habe meine Meinung gesagt."

Der Elefant sagte dann: „Freunde, Häuptlinge der mächtigsten Stämme des Waldes, lasst es heute Nacht sein, wie ihr sagt. Lasst jeden gehen und seine Kräfte sammeln, und lasst den Angriff folgendermaßen erfolgen. Auf halbem Weg zwischen Morgengrauen und Mitternacht werde ich meine Truppe von der Uganda-Seite aus führen. Das Nashorn wird seine von der Katonga-Seite aus führen. Der Büffel wird seinen Stamm entlang der Seite aufstellen, die Unyoro zugewandt ist. Hinter meiner Truppe werden die Hyäne und ihre Familien folgen, um diejenigen zu erledigen, die von unseren schweren Hufen nur verletzt werden könnten. Lasst den Leoparden seine Gefährten und Verwandten hinter die Nashorntruppe stellen. Der Löwe und sein großer Stamm werden hinter den Streitkräften des Büffels benötigt, denn in ihrer Wut neigen sie dazu, die listigen Zweibeiner zu übersehen. Unser Ziel ist es, die Sache vollständig zu erledigen. Je früher wir uns jetzt trennen, desto besser wird jeder für die perfekte Vollendung seiner lange aufgeschobenen Rache gerüstet sein."

Es war schon weit nach Mitternacht, als die vierbeinigen Truppen sich um das verdammte Dorf versammelt hatten, und auf den schrillen Trompetenton des Elefantenkönigs hin führten die verschiedenen Häuptlinge ihre jeweiligen Truppen zum Angriff. Die Elefanten rasten widerstandslos weiter und trampelten die verdammten Käfige der Menschen nieder, die flach und eben mit dem Boden waren. Das Nashorn und sein Wirt drängten mit tief hängenden Nasen weiter und warfen die menschlichen Nester um, wie wir einen leeren Eierkorb umstoßen würden; die Büffel brüllten im Chor, schlossen die Augen, warfen sich auf die Hütten und spießten alles auf, was in Reichweite ihrer Hörner war. Dann brüllten, knurrten und lachten die wilden Fleischfresser, ganz aufgeregt angesichts der Aussicht auf das blutige Fest, während sie die verstümmelten Opfer in Stücke rissen. Ach, armes Dorf und arme Leute! Nach kurzer Zeit träumten die träumenden Seelen nicht mehr, sondern waren in Regionen verschwunden, in denen Träume unbekannt sind – alle außer einem klugen Jungen namens Kibatti und seinen Eltern, die das Unglück überlebten. Diese lebten zufällig in einer winzigen Hütte, die von einem Bananenhain am Waldrand verborgen war, und Kibatti wurde gegen Mitternacht im Schlaf durch einen Druck auf seinem Magen gestört, der ihn aufweckte und ihm den weiteren Schlaf raubte. Er saß daher trauernd über den roten Glutresten seines Feuers, als er das hohle Trampeln großer Tiere hörte, und als er die Ohren spitzte, hörte er ein Trampeln aus einer anderen Richtung; woraufhin sein Verdacht, dass etwas Ungewöhnliches passieren würde, in ihm wuchs, sodass er seine Eltern weckte und sie bat, auf die rumpelnden Geräusche zu lauschen, die so erfahrene Jäger überall um sie herum hören konnten.

„Vater, komm, zöger nicht! Lass Mutter sofort aufstehen. Diese Nacht wurde mein Schlaf unterbrochen, als Warnung für mich, dass Unheil im Gange ist. Lass uns auf den großen Baum in der Nähe klettern und beobachten.“

„Kind, du hast recht“, sagte sein Vater, nachdem er einen Moment zugehört hatte. „Die Dämonen der Wildnis haben sich gegen das Dorf versammelt, denn menschliche Feinde machen keinen solchen Aufruhr. Wir werden sofort auf den großen Baum klettern.“

Daraufhin lockte er seine Frau heraus.

Kibatti zwängte sich durch den Bau unter der Seidenpflanzenhecke in den Bananenhain, und als er in dessen tiefen Schatten gelangt war, rannte er auf den großen Baum zu, dicht gefolgt von seinen Eltern. Eine große Ranke hing herab, und diese Ranke kletterte Kibatti hinauf, seine Mutter hinter ihm, der alte Mann zuletzt. Keinen Moment zu früh, denn gerade in diesem Moment war der Trompetenton des Elefantenkönigs zu hören und danach ein Konzert von Geräuschen, wie weder Kibatti noch sein alter Vater jemals zuvor etwas Vergleichbares gehört hatten. Im Sternenlicht sahen sie die riesigen Gestalten aller Arten wütender Tiere unter sich vorbeiziehen und wieder vorbeiziehen; doch dicht an den Schutz der riesigen Äste des Baumes geklammert, wurden sie von ihrem sicheren Sitz aus Zeugen des schrecklichen Endes ihrer Freunde und Verwandten.

Als Kibatti die Katastrophe und ihr Ausmaß völlig begriff, schlug er seinen Eltern vor, sie sollten zur allerhöchsten Gabelung hinaufsteigen, damit sie am Morgen nicht beobachtet würden. Als sie hinaufkletterten, fanden sie weit oben ein gemütliches Versteck, das rundherum von den dicken, fleischigen Blättern des Baumes verborgen war. Dort blieben sie ruhig bis zum Morgen, als die rastlose Neugier des Jungen so stark wurde, dass er beschloss, sie zu befriedigen. Er packte einen großen Ast des Baumes, stieg bis zur unteren Gabelung hinab und blickte hinunter. Er sah, dass alle Hütten zerstört waren und die Knochen seines Stammes weiß und glänzend überall verstreut lagen. Die Zäune waren alle dem Erdboden gleichgemacht, aber die Elefanten waren unter ihrem Anführer dabei, die Pfähle rundherum neu zu versetzen. Die Löwen liefen wachsam umher, die Nashörner und Büffel wurden getrennt zusammengetrieben und beobachteten die Elefanten, die Leoparden lagen in verstreuten Gruppen unter den Bäumen und die Hyänen knirschten mit Knochen, denn diese wissen nie, wann sie genug gefressen haben.

Kibatti blieb den ganzen Tag auf seinem Posten. Nachts umzäunten die Pfähle das Dorf wie zuvor, und in der Dämmerung sah er, wie sich alle Tiere in einem Kreis um den Elefantenkönig versammelten, um seine dröhnende Stimme zu hören, die eine Ansprache an die bunt gemischten Verbündeten hielt. Als sie zu Ende war, brüllten die Löwen, schnaubten die Nashörner, brüllten die Büffel, lachten die Hyänen und das schrille Trompeten der Elefanten verkündete, dass die Versammlung vorbei war. Was danach geschah, erfuhr Kibatti nicht, sondern kletterte hinauf, um seinen besorgten Eltern die Neuigkeiten mitzuteilen.

Er sagte: „Mir scheint, Vater, sie wollen das Dorf wieder aufbauen, denn sie haben es, wie ich glaube, sogar noch besser eingezäunt als vorher. Diese Tiere haben kluge Anführer, das ist sicher, aber ich bin kein Mann, wenn Kibatti einige von ihnen nicht besiegt."

„Oh, du bist klug, mein Kind, das ist wahr", sagte der alte Mann. „Was immer du vorhast, wird getan. Das habe ich schon vor langer Zeit herausgefunden. Wenn uns unser Verstand aus dieser Gefahrenlage herausbringt, dann bin ich überzeugt, dass es dein Verstand sein wird und nicht meiner oder der meiner alten Frau."

„Ich habe nicht vor, den Baum jetzt schon zu verlassen, Vater", antwortete Kibatti. „Wenn wir ruhig bleiben, können wir keinen sichereren Ort als hier finden. Der Baum ist so hoch, dass sie uns nicht sprechen hören können, es sei denn, sie legen ihre Ohren an den Fuß des Baumes und lauschen. Und gegen alles, was passieren könnte, müssen wir vorsorgen."

„Schenke mir dein Vertrauen, Junge, und lass mich deinen Plan beurteilen", sagte der Vater.

„Also, meine Idee ist folgende. Heute Nacht werden sie alle aufbrechen, einige, um die kleinere Beute zu fangen, andere, um zu grasen und zu fressen. Die Anführer werden natürlich zurückbleiben. Ich schlage vor, nach drei oder vier Minuten Schlaf zum Tor hinunterzugehen und nachzuschauen, wie die Dinge stehen. Wenn möglich, werde ich versuchen, meine Netzseile zu holen. Sie werden für meinen Zweck nützlich sein. Vielleicht fangen wir ja etwas Wild."

„Ich verstehe, ich verstehe, mein Junge. Das ist eine gute Idee. Soll ich dir helfen?“

„Heute Nacht nicht, Vater, es sei denn, du hältst Wache, bis dort oben der helle Stern steht.“

Der alte Mann willigte ein, Wache zu halten, bis der Stern den Zenit erreicht hatte. Kurz nach Mitternacht wurde Kibatti geweckt, und nachdem er seinem Vater befohlen hatte, schlafen zu gehen, stieg er hinab. Er ging geradewegs zu seinem Haus und fand zwischen den Trümmern seine starken Netze und ihre Seile und sein scharfes Jagdmesser, außerdem die fünf Speere seines Vaters und seinen eigenen Köcher. Diese Waffen brachte er direkt zum Baum und trug sie bis zur unteren Astgabel. Danach stieg er wieder vom Baum herab und kroch zu einem nicht weit entfernten Stück Sumpfland, wo sich ein Kranichnest mit einigen Eiern befand. Er nahm diese in die Hand und ging durch die Büsche zur Unyoro-Straße. All dies war sehr schnell geschehen, denn als Jäger kannte er die Gegend gut, und während er die Tiere im Dorf beobachtete, war sein Verstand damit beschäftigt gewesen, seine Pläne zu schmieden. Als er nun die Straße nach Unyoro erreichte, richtete er sich auf und schritt rasch in Richtung des Dorfes, das einst das Dorf seines Stammes gewesen war. Als er in die Nähe kam, kroch er zum Tor und schaute hinein, dann ging er den Zaun entlang, bis er wieder zum selben Tor kam.

Kibatti stand nun auf und rief den Tieren zu, laut schreiend:

„Hallo, hallo! Schläft ihr alle? Wollt ihr einen armen Fremden, der nichts weiß, nicht hereinlassen? Die Nacht ist kalt und ich habe Hunger.“

König Buffalo, der Wache hielt, trabte zum Tor und sah hinaus, dass ein kleiner Junge nackt war, bis auf ein knappes Gewand, das von seinen Schultern hing.

„Wer bist du?“, fragte der Büffel mit seiner schroffen Stimme.

Kibatti antwortete mit der dünnen Stimme eines vaterlosen und hungernden Waisenkindes.

„Ich bin es, Kibatti der Kleine aus Unyoro.“

„Was willst du?“

„Nur ein kleines Feuer, um meine Eier zu braten, und einen Platz zum Schlafen. Ich bin ein Waldjunge und lebe allein in Unyoro. Meine Eltern sind beide tot, und ich habe kein Zuhause. Wenn Sie mir Arbeit geben, bleibe ich bei Ihnen; dann habe ich genug zu essen. Wenn nicht, lassen Sie mich heute Nacht hier schlafen, und am Morgen werde ich gehen.“

„Welche Arbeit kannst du tun?"

„Nicht viel, aber ich kann Wasser und Treibstoff holen."

„Warte einen Moment, ich werde sehen, ob unsere Leute dich reinlassen."

Der Büffel entfernte sich und weckte das Nashorn, den Elefanten, den Löwen, den Leoparden und die Hyäne und erzählte ihnen, dass da ein kleiner Waldjunge sei, der eine Übernachtungsmöglichkeit suchte. Zunächst glaubte man allgemein, er gehöre zu dem Stamm, dem das Dorf gehört hatte, aber der Büffel leugnete, dass dieser Junge das Land gekannt haben könnte, da er kühn von der Unyoro-Straße zum Tor gekommen war. Außerdem, war es wahrscheinlich, dass ein kleiner Junge, der wusste, was geschehen war, jemals zurückgekommen wäre, wenn diejenigen, die das Dorf zerstört hatten, es in Besitz genommen hatten? Diese letzte Bemerkung klärte die Sache. König Elefant sagte:

„Wie du willst, Buffalo. Selbst wenn es anders wäre, ein kleiner Junge kann nichts anrichten. Lass ihn rein. Wir werden ihm viel Arbeit geben."

König Buffalo öffnete das Tor und ließ Kibatti hinein. Dann stellte er ihn seinen Freunden, König Elephant und den anderen vor. Alle lächelten, als sie seine schlanke, kleine Gestalt sahen, die einzige menschliche Gestalt unter ihnen. Buffalo war sehr freundlich zu seinem Schützling und führte ihn herum, während Kibatti ihn mit seinem unschuldigen, ungekünstelten Geplapper unterhielt, das das königliche Rind davon überzeugte, dass der kleine Kibatti tatsächlich ein Waisenkind aus dem wilden Wald war.

„Und wo schlaft ihr alle?", fragte Kibatti aus Buffalo.

„Ich schlafe hier, in der Nähe des Tores. König Elefant ruht neben dem großen Baum. König Löwe liegt lieber neben dem großen Baumstamm dort, Bruder Nashorn wirft sich an den Rand des Bananenhains, Leopard rollt sich neben dem Zaun zusammen und Hyäne schnarcht dumm neben ihrem Knochenhaufen."

Nach einer Weile legte sich Buffalo neben das Tor, um ein wenig auszuruhen. Kibatti streckte sich neben ihm aus, aber nicht, um zu schlafen. Seine Augen waren ganz offen und bald sah er, wie Buffalos Nase auf dem Boden ruhte und sein Kopf von einer Seite auf die andere schwankte. Kibatti löste dann eine Kordel, führte sie heimlich um die vier Beine des Büffels und legte das andere Ende in einer Schlinge um den Hals, ohne ihn aufzuwecken. Dann kroch er auf den Elefanten zu, band seine vier Beine zusammen, zog die Schlinge vorsichtig fest, befestigte das Seil drei- oder viermal herum und brachte sie alle zusammen. Mit dem Nashorn machte er dasselbe. Dann ging er aus dem Tor und holte sein Bündel Netze. Er nahm eines, befestigte ein Ende am Zaun und zog es leicht wie einen Vorhang über die Gestalt des schlafenden Löwen und hängte es einfach an Splitter und Vorsprünge des Zauns. Auf die gleiche Weise befestigte er ein Netz über dem Leoparden und ein anderes über der Hyäne. All das erledigte der schlaue kleine Kibatti, ohne einen von ihnen aufzuwecken. Dann schlich er sich ein zweites Mal durch das Tor und ging zu dem Baum, unter dem seine Eltern schliefen.

„Komm, Vater", sagte er, „die Könige der Herden sind gefangen und in Netzen gefangen. Bring Mutter zur unteren Gabelung und komm, eile mit mir mit einem Bündel Speere, zwei Bögen und Köchern voller Pfeile, denn wir müssen das Wild vor dem Morgen beenden."

Vollständig mit Speeren und Pfeilen bewaffnet führte Kibatti seinen Vater zum Tor und betrat heimlich das eingezäunte Gehege. Sie standen neben dem noch schlafenden Büffel. Kibatti gab seinem Vater einen spitzen Speer und legte sanft seinen Finger auf die lebenswichtige Stelle zwischen Hals und Kopf, um ihm zu zeigen, wo er zuschlagen sollte. Der Vater hob seinen rechten Arm hoch und durchtrennte mit einem Schlag das Rückenmark. Ein Schauer durchlief den Körper von King Buffalo und er fiel tot um.

Dann näherten sich Kibatti und sein Vater König Löwe, der der Länge nach neben dem Baumstamm am Zaun lag, mit der Seite nach außen. Kibatti zeigte auf seine eigene linke Seite hinter dem Schulterblatt, und Vater und Sohn spannten ihre Bögen und schossen zwei Pfeile in das Herz des Löwen, der aufsprang und sich wie ein Ball in das Netz warf, das sich straff um ihn schloss, und er lag sofort still und leblos da. Auf die gleiche Weise töteten Vater und Sohn Leopard und Hyäne. Dann blieben nur noch Nashorn und Elefant übrig.

Sie entschieden sich, das erstgenannte Tier anzugreifen, das noch immer auf der Seite lag und nichts vom tragischen Schicksal seiner Verbündeten wusste.

Kibatti zeigte auf die Vorderschulter des Feindes und berührte seinen Vater mit dem Finger fünf Zentimeter unterhalb des Schulterblattes. Sein Vater verstand und stieß seinen Speer mit solcher Kraft direkt in den Körper, dass die Klinge sich vergrub. König Nashorn, der das Eisen in seinen Eingeweiden spürte, schnaubte und versuchte aufzustehen, doch dabei zog er die Seile fester und fiel halb überschlagen zurück. Kibatti spannte seinen Bogen und versenkte einen Pfeil dicht neben dem vergrabenen Speer seines Vaters. Inzwischen hatte König Elefant Alarm geschlagen, kämpfte mit seinen Fesseln und kippte zu Boden.

KILLING KING RHINOCEROS.

Kibatti stieß einen Kriegsschrei aus und rief:

„Macht nichts, Vater, lass das Nashorn sterben. Lass uns zum Elefanten gehen, solange er hilflos ist."

Sie sprangen auf das am Boden liegende Tier zu, schossen zuerst ihre Pfeile auf alle freiliegenden lebenswichtigen Punkte und schleuderten dann ihre Speere mit so großer Wirkung, dass es nicht lange dauerte, bis der letzte König der Tiere seinem Leben ein Ende gesetzt hatte.

Kibatti und sein Vater flogen dann zu der alten Frau, die in der Astgabel kauerte, und nahmen sie mit, verließen das zerstörte Dorf und suchten in einer anderen Gegend eine Heimat, wo sie wegen der schrecklichen Rache, die sie an den Waldherren genommen hatten, ihr Leben lang von ihren Mitgeschöpfen hoch geschätzt wurden.

Kapitel vierzehn.

Die Partnerschaft von Kaninchen und Elefant und was daraus wurde.

Als wir 1876 auf dem Weg zum Albert Edward Nyanza waren, gesellten sich Sabadu, Bujomba und andere aus unserer Waganda-Eskorte zu uns an unser Abendfeuer, und als sie herausfanden, was es zu unterhalten gab, folgten sie der Einladung, ihren Teil dazu beizutragen, bereitwillig. Außerdem war Sabadu in der Kunst des Geschichtenerzählens unübertroffen: Er war flüssig und humorvoll, während seine Nachahmung der von ihm beschriebenen Charaktere jedermanns Interesse wachhielt. Dem Kaninchen gab er natürlich eine ganz dünne Stimme, dem Elefanten einen tiefen Bass, dem Büffel ein hohles Muhen. Als er sich an den Löwen versuchte, waren die Adern an seiner Schläfe und seinem Hals bei dieser Anstrengung schrecklich angeschwollen; aber als er den Hund nachahmte, erwartete man fast, dass ein kleiner terrierähnlicher Hund zum Feuer trabt, so perfekt war sein Kläffchen.

Als Sabadu seine Geschichte zu erzählen begann, waren sich alle einig, dass sein Benehmen, sogar die Art, wie er saß, sein Gesicht glättete und die Haltung seines Kopfes, einen erfahrenen Mann verrieten. Hier ist seine Geschichte:

In Willimesi, Uganda, begegneten sich eines Tages ein Kaninchen und ein Elefant, die aus verschiedenen Richtungen kamen, auf einer Straße. Da sie alte Freunde waren, blieben sie stehen, um sich zu begrüßen, über das Wetter und die Ernte zu plaudern und Meinungen über den Stand des Handels auszutauschen. Schließlich schlug das Kaninchen vor, dass der Elefant sich ihm anschließen und eine kleine Handelsexpedition zu den Watusi-Hirten unternehmen sollte, „weil", sagte er, „ich höre, dass es dort gute Chancen gibt, Gewinn zu machen. Stoff, so habe ich gehört, ist dort sehr selten, und ich denke, wir könnten ein gutes Geschäft machen." Der Elefant war nicht abgeneigt und nahm das Angebot seines kleinen Freundes an, und ein paar Ballen mit verschiedenen Waren wurden für die Reise vorbereitet.

Sie brachen auf und waren sehr gut miteinander ausgekommen, und das Kaninchen, das einen reichen Erfahrungsschatz hatte, unterhielt den Elefanten sehr. Nach einer Weile kamen die beiden Freunde an einen Fluss, und der Elefant, dem das Wasser angenehm war, wollte hineingehen, um es zu überqueren, hielt aber inne, als er das Kaninchen rufen hörte:

„Aber Elefant, du wirst doch nicht ohne mich rübergehen? Sind wir nicht Partner?"

„Natürlich sind wir Partner, aber ich habe nicht zugestimmt, dich oder deinen Rucksack zu tragen. Warum steigst du nicht einfach ein? Das Wasser ist nicht tief, es bedeckt kaum meine Füße."

„Aber du dummer Kerl, siehst du denn nicht, dass das, was deine Füße kaum bedeckt, mehr als ausreicht, um mich zu ertränken, und ich kann kein bisschen schwimmen; und außerdem bekomme ich das Fieber, wenn mein Fell nass wird, und wie soll ich dann überhaupt meinen Rucksack hinübertragen?"

„Nun, da kann ich nichts machen. Du warst es, der vorgeschlagen hat, die Reise zu machen, und ich dachte, ein kluger Kerl wie du hätte gewusst, dass Flüsse über die Straße fließen, und dass du weißt, was zu tun ist. Wenn du nicht reisen kannst, dann auf Wiedersehen. Ich kann nicht den ganzen Tag hier bleiben", und der Elefant ging weiter auf die andere Seite.

„Mürrischer Schlingel", murmelte das Kaninchen. „Na gut, mein großer Freund, irgendwann werde ich dir dafür bezahlen."

Doch nicht weit entfernt fand Rabbit einen Baumstamm, legte seinen Rucksack darauf ab, paddelte hinüber und erreichte sicher das andere Ufer. Zu seinem Entsetzen stellte er jedoch fest, dass sein Ballen nass und beschädigt war.

Das Kaninchen wischte das Wasser so gut es ging auf und setzte die Reise mit dem Elefanten fort, der den Bemühungen seines Freundes, den Fluss zu überqueren, achtlos zugesehen hatte.

Zum Glück für Rabbit war der letzte Teil der Reise nicht mit derartigen Schwierigkeiten verbunden und sie kamen rechtzeitig bei den Watusi-Hirten an.

Beim Handel war Elefant nicht mit Kaninchen zu vergleichen, denn er konnte nicht so angenehm reden wie Kaninchen und war überhaupt nicht gesellig. Kaninchen ging unter die Frauen, lachte und scherzte mit ihnen und sagte so viele lustige Dinge, dass sie von ihm entzückt waren, und als schließlich vorsichtig die Handelsfrage angesprochen wurde, war die Frau eines Häuptlings so freundlich zu ihm, dass sie ihm eine sehr schöne Kuh für seinen kleinen Ballen Stoff gab. Elefant hingegen ging unter die Männer und sagte ihnen einfach, er sei gekommen, um Vieh mit Stoff zu kaufen. Den Watusi-Hirten gefiel sein Aussehen und sein Benehmen nicht, und sie sagten, sie hätten kein Vieh zu verkaufen, aber wenn er es haben wolle, würden sie ihm eine einjährige Färse für seinen Ballen geben. Obwohl Elefants Ballen sehr schwer und um ein Vielfaches wertvoller war als der von Kaninchen, musste er sich schließlich mit der kleinen Färse zufrieden geben, da er so ruppig und hässlich war.

Gerade als sie den Watusi verließen, um ihre Rückreise anzutreten, sagte Elefant zu Kaninchen: „Nun pass auf, wenn wir unterwegs jemanden treffen und gefragt werden, wem das Vieh gehört, dann bitte ich dich, mir den Gefallen zu tun und zu sagen, dass es meins ist, denn ich möchte nicht, dass die Leute glauben, ich sei kein so guter Händler wie du. Sie werden auch Angst haben, es anzufassen, wenn sie wissen, dass es mir gehört. Wenn sie jedoch hören, dass es dir gehört, wird jeder denken, dass er ein ebenso gutes Recht darauf hat wie du, und du wirst es nicht wagen, dein Eigentum zu verteidigen."

„Sehr gut", antwortete das Kaninchen, „das verstehe ich vollkommen."

Als Kaninchen und Elefant nach kurzer Zeit ihr Vieh weitertrieben, begegneten sie vielen Leuten, die vom Markt kamen, die anhielten, sie bewunderten und sagten: „Ah, was ist das für eine schöne Kuh! Wem gehört sie?"

„Es gehört mir", antwortete die dünne Stimme des Kaninchens. „Das Kleine gehört dem Elefanten."

„Wirklich sehr schön. Das ist eine gute Kuh", antworteten die Leute und gingen weiter.

Verärgert und verärgert rief Elefant dem Kaninchen zu: „Warum hast du nicht geantwortet, was ich dir gesagt habe? Und jetzt pass auf, dass du bei der nächsten Begegnung mit Fremden tust, was ich dir sage."

„Also gut", antwortete das Kaninchen, „ich werde versuchen, mich daran zu erinnern."

Bald darauf trafen sie eine andere Gruppe, die mit Geflügel und Palmwein nach Hause ging. Als sie näher kamen, sagten sie: „Ah, das ist ein schönes Tier und in bester Verfassung. Wem gehört es?"

„Es gehört mir", antwortete das Kaninchen schnell, „und die kleine räudige Färse gehört dem Elefanten."

Diese Antwort machte den Elefanten wütend und er sagte: „Was für ein sturer kleiner Narr du bist. Hast du nicht gehört, wie ich dich gebeten habe, zu sagen, dass es meins ist? Denk daran, das nächste Mal musst du es sagen, sonst überlasse ich es dir, deinen eigenen Weg nach Hause zu finden, denn ich weiß, dass du ein furchtbarer kleiner Feigling bist."

„Sehr gut, das mache ich das nächste Mal", antwortete Rabbit mit sanfter Stimme.

Kurz darauf trafen sie auf eine andere Menschenmenge, die ihnen gegenüber stehen blieb, und die Leute sagten: „Das ist wirklich eine außerordentlich schöne Kuh. Wem von euch gehört sie?"

„Es gehört mir. Ich habe es vom Watusi gekauft", antwortete das Kaninchen.

Der Elefant war diesmal so wütend, dass er sich vom Kaninchen losriss und seine kleine Färse auf einen anderen Weg trieb. Und zu Löwe, Hyäne, Büffel und Leopard, die er traf, sagte er, was für eine schöne fette Kuh das feige kleine Kaninchen auf dem anderen Weg trieb. Er tat dies aus reiner Bosheit, in der Hoffnung, dass einer von ihnen versucht sein würde, sie dem Kaninchen mit Gewalt wegzunehmen.

Aber das Kaninchen war klug und hatte die Boshaftigkeit in Elefants Gesicht gesehen, als er losging, und war sicher, dass dieser ihm einen unfreundlichen Streich spielen würde. Und da es schon dunkel wurde und sein Zuhause weit weg war und es wusste, dass viele Landstreicher darauf lauerten, arme Reisende auszurauben, dachte es, dass es in großer Gefahr sein würde, wenn sein Verstand es nicht schaffte, es zu retten.

Und tatsächlich dauerte es nicht lange, bis ein großer, polternder Löwe am Straßenrand auftauchte und rief: „Hallo, du da. Wo willst du mit der Kuh hin? Komm, sprich."

„Ah, bist du das, Löwe? Ich bringe es zu Mugassa (dem Gott), der im Begriff ist, ein Fest für alle seine Freunde zu geben, und er hat mir ausdrücklich aufgetragen, dich einzuladen, daran teilzunehmen, wenn ich dich treffen sollte."

„Wie? Was? Nach Mugassa? Na ja, ich bin stolz, dich kennengelernt zu haben, Rabbit. Da ich nichts anderes zu tun habe, werde ich dich begleiten, denn jeder betrachtet es als Ehre, Mugassa zu bedienen."

Sie gingen ein Stück weiter, und ein hüpfender Büffel kam näher und brüllte wild. „Du, Kaninchen, halt", sagte er. „Wohin bringst du die Kuh?"

„Ich bringe es zu Mugassa, weißt du das nicht? Wie sollte ein kleiner Kerl wie ich den Mut haben, so weit von zu Hause wegzugehen, wenn ich nicht für Mugassa arbeiten würde? Ich habe auch den Auftrag, dir zu sagen, Buffalo, dass Mugassa dich gerne als Gast begrüßen würde, wenn du an dem Fest teilnehmen möchtest, das er gleich geben wird."

„Oh, das sind wirklich gute Neuigkeiten. Ich werde jetzt mitkommen, Kaninchen, und bin sehr froh, dich kennengelernt zu haben. Wie geht es dir, Löwe?"

Ein kleines Stückchen entfernt begegnete die Gruppe einem riesigen wilden Elefanten, der mitten auf der Straße stehen blieb und in einem Tonfall, der eine schnelle Antwort verlangte, zu wissen verlangte, wohin die Kuh gebracht würde.

„Und jetzt, Elefant, geh aus dem Weg. Diese Kuh wird zu Mugassa gebracht, und der wird böse auf dich sein, wenn ich mich verspäte. Hast du noch nicht von dem Fest gehört, das er gleich geben wird? Übrigens, da du einer der Gäste bist, kannst du mir genauso gut helfen, diese Kuh zu treiben, und mich auf deinen Rücken steigen lassen, denn ich bin furchtbar müde."

„Das ist ja großartig", sagte der Elefant. „Ich werde mich freuen, mit Mugassa zu feiern, und – komm, setz dich auf meinen Rücken. Ich werde dich mit Freude tragen. Und, Kaninchen", flüsterte der Elefant, als er ihn am

Rüssel hochhob, „vergiss nicht, bei Mugassa ein gutes Wort für mich einzulegen."

Bald begegneten sie einem Leoparden und dann einer Hyäne, doch als sie eine so große Menschenmenge hinter der Kuh sahen, heuchelten sie große Höflichkeit und wurden eingeladen, Rabbits Gruppe zu Mugassas Fest zu begleiten.

Es war schon ganz dunkel, als sie das Dorf des Kaninchens erreichten. Am Tor standen zwei Hunde, die Freunde des Kaninchens waren, und sie bellten wie wild. Als sie aber die Stimme ihres Freundes hörten, kamen sie herbei und hießen das Kaninchen willkommen.

Die Gruppe hielt an, und als Kaninchen den Boden erreichte, flüsterte es den Hunden zu, wie die Dinge standen, und die Hunde wedelten zustimmend mit ihren Schwänzen und kläfften vor Spaß, als sie von Kaninchens Witz hörten. Es dauerte nicht lange, bis die Hunde verstanden, was von ihnen verlangt wurde, und einer von ihnen rannte los ins Dorf und kehrte nach kurzer Zeit mit einer angeblichen Botschaft vom großen Mugassa zurück.

„Also, meine Freunde, hört ihr, was Mugassa sagt?", rief Rabbit mit wichtiger Stimme.

„Hunde müssen im Dorf neben dem Tor Matten auslegen, die Kuh muss geschlachtet und das Fleisch schön zubereitet und auf die Matten gelegt werden. Und wenn das erledigt ist, kommt Mugassa persönlich und gibt jedem seine Portion. Er sagt, dass ihr alle herzlich willkommen seid.

„Jetzt hört mir zu, bevor ich nach Mugassa gehe. Ich werde euch zeigen, wie ihr alle dazu beitragen könnt, das Fest zu beschleunigen, denn ich bin sicher, ihr könnt es alle kaum erwarten, loszulegen.

„Du, Hyäne, musst die Kuh töten und das Fleisch zubereiten, und die Hunde werden es hineintragen und auf die Matten legen. Aber denk daran: Wenn ein Stück davon berührt wird, bevor Mugassa es befiehlt, sind wir alle ruiniert.

„Du, Elefant, nimm diese Messingaxt von Mugassa und spalte ordentlich Holz für den Herd.

„Büffel, such dir ein Holz mit glatter Rinde, das gut brennt, und bring es zu Elefant.

„Leopard, geh zur Bananenplantage, achte auf die fallenden Blätter und fange sie mit deinen Augenlidern auf, damit wir ordentliche Teller haben.

„Löwe, mein Freund, geh und fülle diesen Topf aus der Quelle und bring Wasser, damit Mugassa sich die Hände waschen kann."

Nachdem er seine Anweisungen erteilt hatte, stolzierte Rabbit ins Dorf. Doch nachdem er ein kleines Stück gegangen war, schoss er zur Seite, ging durch eine Seitentür hinaus und kroch auf einen Ameisenhaufen zu. Oben war ein Grasbüschel, und von seinem Versteck aus hatte er einen guten Blick auf das Tor und auf alle, die sich ihm näherten.

Nun konnte Buffalo nur noch einen einzigen Stamm mit glatter Rinde finden, und die Hunde riefen Buffalo zu, dass ein Stamm nicht ausreiche, um das Fleisch zu braten oder zu kochen, und er kehrte zurück, um noch mehr zu suchen.

Elephant schlug mit seiner Messingaxt auf den Baumstamm, die beim ersten Schlag zerbrach, und es gab kein anderes Werkzeug, mit dem er das Holz zerschneiden konnte.

Leopard hielt immer wieder Ausschau nach fallenden Blättern, konnte jedoch keine sehen.

Lions Topf hatte unten ein Loch und er konnte ihn nie voll halten, so oft er es auch versuchte.

Inzwischen hatte Hyäne die Kuh getötet und das Fleisch wunderschön zubereitet. Dann sagte sie zu den Hunden: „Nun, meine Freunde, das Fleisch ist fertig. Was soll ich tun?"

„Wenn Sie möchten, können Sie uns helfen, das Fleisch hineinzutragen und es auf die Matten zu legen. Mugassa muss es nämlich sehen, bevor es jemand anfassen kann."

„Ach, aber ich habe furchtbaren Hunger und mir läuft das Wasser im Mund zusammen, so dass mir übel wird vor Verlangen. Können wir nicht zusammen etwas essen? Es sieht sehr schön und fett aus", jammerte die Hyäne.

„Ach nein, so etwas sollten wir nicht wagen. Wir haben den Wald und seine Gewohnheiten schon lange hinter uns gelassen und sind für nichts anderes als menschliche Gesellschaft geeignet. Aber wenn man dir erlaubte, etwas davon zu essen, könntest du in den Wald fliegen und wir wären alle schuld. Nein, nein, komm und hilf uns, es hineinzutragen. Du wirst nicht lange warten müssen."

Die Hyäne musste gehorchen, schaffte es aber, einen Teil der Kutteln im Gras zu verstecken. Das Kaninchen sah alles hinter seinem Grasbüschel hervor und blinzelte im Dunkeln.

Als das Fleisch da war, sagte Dogs: „Jetzt ist alles in Ordnung. Bleib einfach draußen, bis die anderen Jungs da sind."

Hyäne zog sich zurück, und als er vor dem Tor war, suchte er nach seinen Kutteln und legte sich ruhig hin, um sie zu genießen, aber als er gerade hineinbeißen wollte, schrie Kaninchen: „Ah, du Dieb, Hyäne. Du Dieb, ich sehe dich. Halt, Dieb, Mugassa kommt."

Diese Schreie erschreckten die Hyäne so sehr, dass sie ihre Kutteln fallen ließ und so schnell davonrannte, wie sie es nur konnte. Auch die anderen, Büffel, Elefant, Löwe und Leopard, waren vom Warten müde und hörten diese alarmierenden Schreie. Sie rannten ebenfalls weg und ließen Kaninchen und seine Hundefreunde in Ruhe zurück. Sie trugen die Kutteln ins Dorf, schlossen das Tor und verriegelten es. Danach lachten sie laut und lange, während Kaninchen sich vor lauter Freude immer wieder auf dem Boden wälzte.

Meine Freunde, der Hase war der Kleinste von allen, aber durch seine Weisheit war er zwei Elefanten, Büffeln, Leoparden, Löwen, Hyänen und allen anderen mehr als gewachsen. Und selbst seine Freunde, die Hunde, mussten zugeben, dass er an Hasens Witz nicht herankam. Das ist meine Geschichte.

Kapitel fünfzehn.

Die Abenteuer von Saruti.

„Ich habe ein schlechtes Gedächtnis für Legenden", sagte Bujomba eines Nachts, als wir in Benga im Lager waren: „Aber ich erinnere mich, was ein junger Mtongolè (Oberst) namens Saruti Mtesa erzählte, nachdem er von einer Expedition an die Grenze von Unyoro zurückgekehrt war. Was für einen Kopf dieser Mann hatte und was für Augen! Mtesa war immer für eine gute Geschichte zu haben und liebte es, diejenigen auszufragen, die er in ferne Länder schickte, bis man sagen könnte, dass nichts mehr in einem Mann übrig blieb, was es wert war, ihm zuzuhören, nachdem er mit ihm fertig war. Aber Saruti brauchte keine Fragen. Er redete ohne Unterbrechung, bis Mtesa vor lauter Müdigkeit nicht mehr länger sitzen konnte. Dies sind einige der Dinge, die er sagte, die er auf seiner Reise erlebt hatte. Sie dürfen mich nicht fragen, ob ich alles glaube, was er sagte. Ich kann nur sagen, dass sie passiert sein könnten oder von vielen Männern gesehen worden sind, aber ich konnte nie ganz verstehen, wie es sein konnte, dass Saruti allein das Glück hatte, all die Dinge zu sehen, von denen er sprach. Jedenfalls war er sehr amüsant und Mtesa lachte oft herzlich, während er ihm zuhörte."

Kabaka, ich glaube, die Zauber, die mir mein Vater um den Hals gehängt hat, müssen sehr mächtig sein. Ich habe immer Glück. Auf meinen Reisen höre ich gute Steine, ich sehe seltsame Dinge, die sonst niemand zu sehen scheint. Auf dieser letzten Reise kam ich in Singo an ein kleines Dorf, und als ich mit dem Häuptling Bananenwein trank, erzählte er mir, dass es in der Nähe seines Dorfes zwei Löwen gäbe, die eine Gruppe Hyänen als Soldaten unter sich hätten. Sie schickten sie paarweise los, manchmal in einen Bezirk, manchmal in einen anderen, um ihnen Nahrung zu bringen. Wenn die Bauern kämpften, kehrten sie zurück und meldeten sich bei ihren Herren, und die Löwen brachten alle ihre Soldaten mit, die sie so belästigten, dass sie froh waren, einen fetten Ochsen als Tribut an einen Baum gebunden zurückzulassen. Dann nahmen die Löwen den Ochsen und befahlen, den Bauern, der seinen Tribut bezahlt hatte, in Ruhe zu lassen. Der Häuptling erklärte dies für eine Tatsache, da er wiederholt Beweise dafür erhalten hatte.

Am nächsten Ort, Mbagwè, erzählte mir der Mann Buvaiya, der das Sagen hat, dass er, als er vor kurzem dem Muzimu (dem Orakel) des Bezirks seine Aufwartung machte, auf der Straße etwa dreißig *Kokorwa begegnete* , die dicht beieinander nach Schlangen jagten. Sobald sie ihn sahen, griffen sie ihn an und hätten ihn getötet, wenn er nicht auf einen Baum gerannt wäre. Er erzählte mir, dass sie, obwohl sie nicht viel größer als Kaninchen sind, sehr wild sind und das Alleinreisen sehr gefährlich machen. Ich denke, es müssen kleine Hunde sein. Vielleicht können Ihnen die alten Männer des Hofes besser sagen, was sie sind.

Im nächsten Dorf Ngondo wurde mir ein pfiffiger Junge namens Rutuana gebracht, der angeblich vor kurzem mit einem jungen Freund desselben Alters mit langem Stock und kleinem Stock (Tip-Cat?) gespielt hatte. Sein Freund schlug den kleinen Stock und flog weit weg, und Rutuana musste ihn aus dem hohen Gras holen. Während er danach suchte, wurde er von einer dieser großen Schlangen gefangen, die Ziegen und Kälber verschlingen, und wand sich um ihn. Obwohl er um Hilfe schrie, legte Rutuana seinen Stock quer über seine Brust, umklammerte beide Enden mit einer Hand und hielt ihn fest, bis Hilfe kam. Sein Freund rannte auf einen Baum und half ihm nur durch Schreie. Da die Schlange den Stockgriff des Jungen nicht loswerden konnte, konnte er ihm auch nicht die Rippen brechen, da seine ausgestreckten Arme sie schützten; aber als er fast erschöpft war, kamen die Dorfbewohner mit Speeren und Schilden hervor. Diese Kerle waren jedoch so dumm, dass sie nicht wussten, wie sie die Schlange töten sollten, bis Rutuana ihnen zurief: „Schnell! spannt eure Bögen und schießt ihm durch den Hals." Da trat ein Mann vor und durchbohrte ihm, als er dicht vor ihm war, mit dem Pfeil die Kehle. Als sich die Schlange entrollte, um die Männer anzugreifen, fiel Rutuana zu Boden. Die Schlange war bald aufgespießt und der Junge wurde nach Hause getragen. Ich glaube, aus diesem Jungen wird ein großer Krieger.

Im nächsten Dorf wurden die Bauern von einer Schar Schlangen belästigt, die sich dort aus irgendeinem Grund versammelt hatten. Sie hatten mehrere lange schwarze Schlangen gesehen, die sich in den Ameisenhaufen eingenistet hatten. Diese hatten bereits fünf Kühe getötet und hatten kürzlich begonnen, Reisende entlang der Straße anzugreifen, die an den Ameisenhaufen vorbeiführt. Als ein Araber namens Massoudi von ihrem Unglück hörte, unternahm er den Versuch, sie zu töten. Er hatte einige Sklaven bei sich, bekleidete ihre Beine mit Büffelhaut, stellte Kochtöpfe auf ihre Köpfe und sagte ihnen, sie sollten zu den Ameisenhaufen gehen. Als die Schlangen aus ihren Löchern kamen, erschoss er sie eine nach der anderen. Unter den Reptilien, die er tötete, waren drei Arten von Schlangen mit Hörnern. Die Bauern zogen ihnen die Haut ab und machten Beutel daraus, um ihre Reize aufzubewahren. Eine Art Hornschlange, sehr dick und kurz, soll Eier legen, die so groß sind wie die von Hühnern. Die *Mubarasassa* , die eine gräuliche Farbe hat, soll auch Elefanten töten können.

Ich ging dann nach Kyengi, jenseits von Singo, und die Bauern, die kamen, um mit mir zu tratschen, brachten mich ziemlich in Rage mit schrecklichen Geschichten über das Unheil, das ein großer schwarzer Leopard angerichtet hatte. Anscheinend hatte er zuerst eine Frau getötet und die Leiche in den Busch getragen; und ein anderes Mal hatte er zwei Männer getötet, als sie ihre Netze für kleines Wild auslegten. Dann machte sich ein einheimischer Jäger, der ihm vom Häuptling eine Belohnung versprach, mit zwei Speeren auf, um ihn zu töten. Er hatte keinen Erfolg, sagte aber, er habe einen merkwürdigen Anblick gesehen. Als er der Spur des Leoparden folgte, kam er plötzlich zu einem kleinen Dschungel mit einer offenen Fläche in der Mitte. Eine große Wildschweinsau, gefolgt von ihrem Wurf kleiner Ferkel, wühlte herum und grunzte wie Schweine es tun, als sie sah, wie der monströse schwarze Leopard auf eines der Schweine zukroch. Dann erklang ein schrilles Quieken von einem Schweinchen, und die Mutter, die aufblickte, erkannte die Gefahr, woraufhin es wütend den Leoparden angriff, mit klirrenden Stoßzähnen und Schaum vor dem Mund. Der Leopard drehte sich schlagartig um und sprang auf einen Baum. Die Sau versuchte, ihm nachzuspringen, aber da sie ihren Feind auf diese Weise nicht erreichen konnte, machte sie sich daran, die Wurzeln zu bearbeiten. Während sie damit beschäftigt war, lief der Bauer zurück, um ein Netz und Helfer und seinen Jagdhund zu holen. Als er zurückkam, grub die Sau immer noch am Fuß des Baumes und hatte ringsherum ein großes Loch gegraben. Die Schweine, erschrocken, so viele Menschen zu sehen, trabten in den Busch davon, und der Jäger und seine Freunde bereiteten sich vor, den Leoparden zu fangen. Sie spannten das Netz rund um den Baum, ließen dann den Hund los und trieben ihn zum Netz. Als er das Netz berührte, machten die Jäger einen lauten Lärm und schrien, woraufhin der Leopard vom Baum sprang, mit einem einzigen Kratz seiner Pfote den Hund aufriss, über das Netz sprang, einem der Männer auf die Schulter tippte und wegrannte, als er eine Wunde an der Schulter davontrug und innehielt, um in den Speer zu beißen. Die Jäger machten ihm weiter zu schaffen, bis er schließlich blutüberströmt zu Boden ging und starb.

Eine Tagesreise hinter Kyengi kam ich zu dem von Dornen umzäunten Dorf einiger Watusi-Hirten, die anscheinend unter einem Paar sehr wilder Löwenjungen gelitten hatten. Der kleine Sohn des Häuptlings hütete gerade einige Kälber, als die Jungen kamen, ihn heimlich durch das Gras verfolgten und ihn fingen. Der Häuptling nahm sich dies so sehr zu Herzen, dass er, sobald er die Neuigkeit hörte, sofort in sein Dorf zurückkehrte und sich an einem Dachsparren erhängte. Die Watusi lieben ihre Familien sehr, aber es scheint bei diesen Hirten Brauch zu sein, dass, wenn ein Mann sich das Leben nimmt, der Körper nicht begraben werden kann, und obwohl er ein Häuptling war, trugen sie ihn in den Dschungel, ließen ihn den Geiern überlassen, kehrten zurück und steckten seine Hütte in Brand und brannten sie bis auf die Grundmauern nieder. Als sie das getan hatten, versammelten sich die Watusi und begannen eine lange Jagd nach den jungen Löwen, aber bisher konnten sie sie nicht finden.

Als die Sonne halb am Himmel stand, kam ich von Kyengi zu einigen Bauern, die in der Nähe eines Waldes lebten, der von Affenmenschen namens Nziké (Gorilla?) befallen ist. Sie erzählten mir, dass die Nziké genauso wie wir rauchen und Feuer machen können. Es ist ein Brauch unter den Eingeborenen, wenn sie Rauch aus den Bäumen aufsteigen sehen, zu sagen: „Seht, der Nziké kocht sein Essen." Ich fragte sie, ob es wahr sei, dass die Nziké Frauen entführten, um bei ihnen zu leben, aber sie alle sagten mir, dass das nicht wahr sei, obwohl die alten Männer manchmal solche Geschichten erzählen, um die Frauen zu erschrecken und sie zu Hause zu halten, wo sie nicht in Gefahr sind. Da sie wussten, dass ich im Auftrag des Königs unterwegs war, wagten sie nicht, mir ihre Fabeln zu erzählen.

Als ich ihnen alle möglichen Fragen stellte, wurde ich zu einem sehr alten Mann mit weißem Bart geführt, mit dem ich viel Spaß hatte. Es scheint, dass er ein großer Rätsellöser ist, und er stellte mir sehr viele Fragen.

Eine war: „Was ist es, das immer geradeaus geht und nie zurückblickt?"

Ich gab mir alle Mühe, ihm zu antworten, aber als er schließlich verkündete, es sei ein Fluss, kam ich mir sehr dumm vor.

Dann fragte er mich: „Was ist das, das außen aus Knochen und innen aus Fleisch besteht?"

Die Leute lachten und verspotteten mich. Dann sagte er, es sei ein Ei, was sehr wahr war.

Eine andere Frage, die er mir stellte, war: „Was ist das, das nach beiden Seiten schaut, wenn man daran vorbeigeht?"

Einige sagten das eine, andere das andere, und schließlich antwortete er, es sei Gras.

Dann fragte er mich: „Was war das für eine gute Sache, die der Mensch isst, auf die er beim Essen ständig seine Augen richtet und nach dem Essen die Hälfte davon wegwirft?" Ich dachte lange nach, aber ich wusste nie, was es war, bis er mir sagte, dass es ein gerösteter Maiskolben war.

Dieser alte Mann war sehr weise und zu seinen Sprüchen gehörte: „Wenn die Menschen viel träumen, muss der alte Mond sterben."

Er sagte auch: „Wenn der alte Mond untergeht, braucht der Jäger das Haus nie zu verlassen, um Wild zu suchen, denn es ist allgemein bekannt, dass er dabei nichts finden würde."

Und er fügte hinzu, dass der Töpfer damals nicht versuchen müsse, Töpfe zu brennen, weil der Ton mit Sicherheit verrottet wäre.

Einige andere Dinge, die er sagte, ließen mich ein wenig über ihre Bedeutung nachdenken.

Er sagte: „Wenn die Leute Proviant in ihren Hütten haben, sagen sie nicht: ‚Lasst uns in das Haus eines anderen Mannes gehen und ihn ausrauben.'"

Er sagte auch: „Wenn Sie jemanden mit krummen Rücken sehen, bitten Sie ihn nicht, gerade zu stehen, noch einen alten Mann, mitzumachen, noch einen Mann, der Schmerzen hat, zu lachen."

Und was er über den Reisenden sagte, ist absolut wahr. Der Mann, der an seinem eigenen Herd hängt, kitzelt unsere Ohren nicht so wie derjenige, der viele Länder sieht und neue Geschichten hört.

Am nächsten Tag hielt ich in einem Dorf in der Nähe des kleinen Sees von Kitesa namens Mtukura. Der Häuptling, der das Dorf leitete, redete so gern, dass er mich bald so gut in die Angelegenheiten seiner Familie einweihte, als ob er meine Schwester umwarb. Seine Leute sind daran gewöhnt, Frösche und Ratten zu essen, und nach dem Lärm im Schilf und dem Rascheln und Quietschen im Dach der Hütte, in der ich schlief, zu urteilen, besteht in diesem Dorf keine große Angst vor einer Hungersnot. Sie haben auch keine Abneigung, wie sie mir erzählten, gegen Leguane und diese widerwärtigen Fresser, die Hyänen.

Im Land ist es weit verbreitet, dass Naraki, die Frau von Uni, einem Sultan von Unyoro, diesen See geschaffen hat. Als sie hindurchging, war sie sehr durstig und rief zu ihrem Muzimu (Geist), dem Muzimu, der den Königen von Unyoro beisteht und der sehr mächtig ist. Und auf einmal gab es einen zischenden Flug von Feuersteinen (Meteoriten) in der Luft, und unmittelbar danach fiel ein ungeheuer großer Meteorit herab, der in der Nähe von Naraki auf den Boden traf und ein großes Loch hinterließ, aus dem das Wasser spritzte und weiter nach oben schoss, bis ein See entstand, der die Quelle begrub und außer Sichtweite brachte, und das steigende Wasser bildete einen Fluss, der seitdem vom See nach Norden in den Kafu fließt.

Nahe diesem See liegt ein dunkler Hain, der Muzingeh, dem König der Vögel, heilig ist. Es heißt, er habe nur ein Auge, doch einmal im Jahr besucht er den Hain, und nachdem er sein Haus gebaut hat, befiehlt er allen Vögeln aus den Nyanzas und den Hainen, ihn zu besuchen und ihm zu huldigen. Einen halben Mond lang kann man sehen, wie ihm die Vögel, große und kleine, am

Ufer des Sees entlang folgen, wie so viele Wächter um einen König, und vor Einbruch der Dunkelheit sieht man sie auf die gleiche Weise in den Hain zurückkehren. Die Schreie der Papageien verraten den Eingeborenen, wann sie kommen, und niemand möchte sich diesen Anblick und die freudige Aufregung unter dem gefiederten Stamm entgehen lassen. Aber es gibt einen Vogel namens Kirurumu, der die Souveränität des Muzingeh nicht anerkennen will. Die anderen Vögel haben oft versucht, ihn dazu zu bewegen, sich mit dem Muzingeh zu verbinden. Aber Kirurumu antwortet immer, dass ein so schönes Geschöpf wie er selbst, mit goldenen und blauen Federn und einem so hübschen Schopf, nie dazu bestimmt war, in der Gesellschaft eines hässlichen Vogels gesehen zu werden, der nur ein Auge hat.

Auf der anderen Seite des Mtukura-Sees liegt ein Wald, in dem Dungu, der König der Tiere, lebt. Zu Dungu beten alle Jäger, wenn sie aufbrechen, um Wild zu jagen. Dungu baut zuerst eine kleine Hütte, und nachdem er ihn mit einem kleinen Stück Fleisch besänftigt hat, bittet er Dungu, dass er erfolgreich sein möge. Dann betritt Dungu den Kopf des Jägers, wenn er mit dem Opfer zufrieden ist, und die Schlauheit des Mannes wird groß; seine Nerven werden stärker, seine Eingeweide werden gestärkt und das Wild ist gesichert. Wenn Dungu einem Mann wünscht, dass die Jagd erfolgreich ist, ist es sinnlos, wenn der Büffel die Erde verschmäht und muht, oder wenn der Leopard sich in seiner Wut mit Sand bedeckt – der Speer des Jägers trinkt sein Blut. Aber der Jäger darf nicht vergessen, der Gottheit den Tribut zu zahlen, sonst wird er auf dem Heimweg getötet.

Der freundliche Häuptling bestand darauf, dass ich sein Blutsverwandter werde und ein paar Tage bei ihm bleibe. Der Medizinmann, ein Mann mit großem Einfluss im Land, wurde gebeten, uns zu vereinen. Er nahm ein scharfes kleines Messer und schnitt mir knapp über dem Knie einen Schnitt in die Haut meines rechten Beins, und das Gleiche tat er mit dem Häuptling. Dann rieb er sein Blut über meine Wunde und mein Blut über seines, und wir wurden Brüder. Zu seinen Geschenken gehörte dieser wunderschöne Schild, und ich bitte Mtesa, meinen Kabaka, ihn anzunehmen, denn ich habe noch nie einen so schönen gesehen, und er ist zu gut für einen Oberst, dessen einzige Hoffnung und einziger Wunsch darin besteht, seinem König zu dienen.

Ich bin froh, dass ich mich dort ausgeruht habe, denn gegen Abend bot sich mir ein ganz wunderbarer Anblick. Als wir unter den Bananen saßen, hörten wir das Blöken eines großen Ziegenbocks, und am Klang des Blökens erkannten wir, dass es weder aus Spaß noch aus Liebe geschah. Es war ein Ton aus Wut und Angst. Fast gleichzeitig stürzte einer der Jungen auf uns zu, und sein Gesicht war vor Angst ganz grau geworden, und er rief: „Da ist ein Löwe im Ziegenstall, und der große Ziegenbock kämpft mit ihm." Sie hatten vergessen, mir von diesem berühmten Ziegenbock zu erzählen, der Kasuju hieß, nach einem großen Mann, der im Krieg berühmt gewesen war, und der es sicher wert war, darüber zu sprechen, und Kasuju war überall für seine wunderbare Kraft und seine Kampfqualitäten bekannt. Als wir uns mit unseren Speeren und Schilden dem Pferch näherten, stieß der Ziegenbock auf den Löwen – der noch jung war, da er keine Mähne hatte – wie er auf eine kecke junge Ziege hätte einschlagen können, und blökte mit einem so vollen Ton wie der eines Büffelkalbs. Es scheint, dass Kasuju den Zerstörer auf eine seiner Frauen zuschleichen sah, und als er ihm in die Flanke stürmte, schlug er ihn nieder. Als wir von außen zusahen, sahen wir, dass Kasuju sich sehr gut behauptete, und wir dachten, dass wir den Kampf nicht aufgeben, sondern uns darauf vorbereiten würden, einen guten Wurf auf den Löwen zu machen, als er versuchte, zu fliehen. Der Löwe wurde aufgescheucht, und wir sahen, wie er sprang: aber Kasuju trat flink zur Seite und versetzte ihm einen solchen Schlag, dass es wie eine Trommel klang. Dann trabte Kasuju vor seinen zitternden Frauen davon, und als der Löwe näher kam, sahen wir, wie er seine Ohren anzog, während er sich wie ein Krieger auf seine Hinterbeine erhob. Der Löwe ging auf ihn zu und er erhob sich ebenfalls, als wolle er mit ihm ringen, als Kasuju ihm mit einem so treffenden und fairen Hieb in die Kehle schoss, dass eines seiner Hörner tief in die Kehle getrieben wurde. In diesem Moment begannen die Klauen des Löwen zu arbeiten und mit jedem Kratzer wurde die Haut des armen Kasuju schrecklich zerrissen, aber er hielt sein Horn in der Wunde und stieß zu und vergrößerte die Wunde. Dann sprang der Löwe frei und das Blut spritzte über Kasuju. Geblendet durch seine zerrissene und herabhängende Kopfhaut und geschwächt durch seine Wunden taumelte er umher und schlug blind auf seinen Feind ein, bis der Löwe ihm einen mächtigen Schlag mit seiner Pfote versetzte und ihn kopfüber zu Boden warf. Dann packte er ihn am Hals und schüttelte ihn, und wir hörten das grausame Knirschen, als die Reißzähne aufeinander trafen. Aber es war die letzte Anstrengung des Löwen, denn gerade als Kasuju leblos war, rollte der Löwe über ihn hinweg, der ebenfalls tot war. Hätte mir mein Freund diese Geschichte erzählt, hätte ich ihm nicht geglaubt, aber da ich sie mit eigenen Augen gesehen habe, bin ich verpflichtet, sie zu glauben. Wir haben Kasuju ehrenvoll in einem Grab begraben, wie wir einen tapferen Mann begraben würden; aber den Löwen haben wir gehäutet, und ich habe sein Fell mit dem zerfetzten Loch in der Kehle.

Der eigenartige Kampf, den wir miterlebt hatten, gab uns allen viel Stoff zum Reden über Löwen, und einem von ihnen fiel die Geschichte eines Kampfes zwischen Krokodilen und Löwen ein, der einige Zeit zuvor in der Nacht stattgefunden hatte. Der Mtukura-See wimmelt von Krokodilen, und da er in einer Gegend liegt, in der es viel Wild gibt, müssen sie fett an Beute sein. Eines Nachts kam ein ausgewachsener Löwe mit schöner Mähne, um seine trockene Kehle im See zu kühlen, und trank gerade Wasser, als er spürte, wie seine Nase von etwas gepackt wurde, das von unten aufstieg.

Den Spuren des Kampfes am Wasserrand nach zu urteilen, muss es ein schrecklicher Kampf gewesen sein. Die langen Krallen des Krokodils hatten tiefe Spuren hinterlassen, die zeigten, wie es aus dem Wasser gehoben und mit Gewalt nach unten geworfen worden sein musste. Doch am Morgen wurden sowohl Löwe als auch Krokodil tot aufgefunden. Die Kehle des Krokodils war weit geöffnet und wies einen breiten Schnitt auf, doch seine Zähne steckten noch immer in der Nase des Löwen.

Saruti hatte seine Geschichten noch nicht zur Hälfte beendet, als er beim Gähnen von Mtesa merkte, dass seine Abenteuer zwar sehr interessant waren und er gerne weitermachen wollte, es aber für den Moment besser wäre, die Zunge zu stutzen. Also sagte er: „Kabaka, der weise alte Mann, den ich traf, hat mir etwas erzählt, was ich fast vergessen hätte. Er sagte: ‚Ich weiß, dass du ein Diener des Königs bist, und wenn du jemals willst, dass das Gesicht des Königs dir gegenüber weich wird und seine Hand Geschenke öffnet, vergleiche dich mit dem Deckel eines Kochtopfs, der, obwohl der Topf voll duftendem Eintopf ist, nichts als den Dampf aufnimmt, und der weise König wird das verstehen und mit seinem Diener zufrieden sein.‘"

„Das hast du wirklich gut gesagt, Saruti", rief Mtesa lachend. „Ich verstehe. Diesmal muss der Deckel mit dem Topf geteilt werden. Verwalter", sagte er und wandte sich an Kauta, „sorge dafür, dass sechs Stück Vieh in Sarutis Viehpferch getrieben werden." Und Saruti twiyanzied (dankte mit Niederwerfungen) so oft, dass ihm schwindlig wurde.

Kapitel Sechzehn.

Der Junge Kinneneh und der Gorilla.

In Geschichten wie der Fabel vom Kaninchen, dem Leoparden und der Ziege, dem Hund und dem kleinen Huhn, dem Leoparden, dem Schaf und der Taube, dem Kranich, dem Leoparden und dem Schaf, dem Kaninchen und dem Löwen, der Kuh und dem Löwen, dem Löwen und seiner Mähne, dem Kaninchen und dem Leoparden und dem Jungen Kinneneh und dem Gorilla glänzte Kadu, unser versierter Legendenerzähler. Ohne Kadu gegenüber unfreundlich sein zu wollen, sage ich, dass er nur zu gut gezeigt hat, dass seiner Meinung nach List der Stärke vorzuziehen sei. Vielleicht hatte er recht, obwohl List bei uns heutzutage ein Wort ist, das in Misskredit geraten ist, weil wir es gewöhnlich mit Täuschung und Betrug in Verbindung bringen, aber wir werden es aus Bewunderung und Dankbarkeit gegenüber Kadu so gut wie möglich auslegen und behaupten, dass seine List, die die Moral der meisten seiner Geschichten war, eine Art unrechtmäßiger Weisheit oder zulässiger List war. Keiner von uns, zumindest, sympathisierte nicht mit Kadus dummen Helden, als der tyrannische Büffel durch einen kleinen netten Betrug oder eine schlaue List den scharfsinnigen Hasen besiegte, oder als der Hund seine mürrische Herrin, die Leopardin, besiegte, oder als der Hase den mürrischen Elefanten beschämte, oder als Kibatti die Könige der Tierstämme besiegte. Die Legende von Kinneneh und dem Gorilla war eine andere Geschichte, die offensichtlich von Kadu und dem unbekannten Ältesten Ugandas gemeint war, der sie erfand, um zu zeigen, dass List mächtiger ist als Stärke. Er erzählte sie folgendermaßen:

In den frühen Tagen Ugandas gab es auf der anderen Seite des Katonga, in Buddu, ein kleines Dorf, dessen Bewohner Bananen und Kochbananen anpflanzten, die mit der Zeit zu einem ziemlich großen Hain heranwuchsen und reichlich und sehr schöne Früchte hervorbrachten. Wenn ein Bananenhain reif ist, verströmt er einen sehr angenehmen Geruch, und wenn ein Windhauch darüber hinwegweht und den Duft zu einem trägt, kenne ich nichts, das den Appetit so sehr anregt wie der Geruch von gebratenem Fleisch. Jedenfalls muss dies das Gefühl eines mächtig großen Gorillas gewesen sein, der eines Tages, als er allein im Wald umherstreifte und nach Nüssen zum Essen suchte, plötzlich anhielt, aufstand und eine Zeit lang schnüffelte, wobei er seine Nase weit in Richtung des Dorfes ausstreckte. Nach einer Weile schüttelte er den Kopf und ließ sich wieder auf alle viere fallen, um seine Nahrungssuche fortzusetzen. Wieder kam mit einem Windhauch ein starker Geruch von reifen Bananen, und er stand noch einmal auf seinen Füßen, und mit herausgestreckter Nase sog er gierig Luft ein, schlug sich dann auf den Bauch und sagte:

„Das dachte ich mir. Dort gibt es Bananen, und ich muss mir welche holen.“

Er ließ sich auf alle viere fallen und streckte die Arme weit aus, gerade wie ein Fischer ein schweres Netz einholt und darauf achtet, dass die Fische nicht entwischen.

Nach kurzer Zeit kam er an den Rand des Hains, blieb stehen und betrachtete hämisch die schönen Früchte, die in großen Büscheln herabhingen. Plötzlich sah er, wie sich etwas bewegte. Es war eine Frau, die sich über einen Korb beugte und die Früchte sorgfältig darin verstaute, so dass sie eine große Menge auf einmal transportieren konnte.

Der Gorilla dachte nicht lange nach, sondern kroch heimlich auf sie zu, stürzte sich dann mit ausgebreiteten Armen auf sie zu und packte sie. Bevor die Frau ihren Schrecken aussprechen konnte, hatte er sie und ihren Korb hochgehoben und war mit ihnen in den tiefsten Busch davongetrabt. Als er seine Höhle erreichte, warf er die Frau auf den Boden, wie man totes Fleisch wirft, und er zog den Bananenkorb dicht an sich heran, drückte ihn mit beiden Beinen dicht an seinen runden Bauch und begann, sich vollzustopfen, während er die Frucht schälte und seltsame Geräusche murmelte. Nach einer Weile kam die Frau zur Besinnung, aber anstatt ruhig zu bleiben, schrie sie und versuchte wegzurennen. Wären diese Bewegung und dieser Lärm nicht gewesen, hätte sie sich vielleicht ungesehen davonschleichen können, aber Tiere aller Art lassen sich beim Fressen nie gern stören, also stieß Gorilla ein wütendes Brüllen aus und drückte sie so fest, dass ihr die Luft ausging. Als sie still war, fiel er wieder zu sich, riss die Schale von den Bananen und warf eine nach der anderen in seine breite Kehle, bis keine einzige Frucht mehr im Korb war und der große Bauch auf die doppelte Größe angeschwollen war. Dann legte er seine Pfote auf den Körper, um zu sehen, ob noch Leben darin war, kletterte zu seinem Nest hinauf und rollte sich zum Schlafen zusammen.

Als er aufwachte, schüttelte er sich und gähnte. Als er nach unten blickte, sah er die Leiche der Frau und ihren leeren Korb. Und ihm fiel wieder ein, was geschehen war. Er stieg vom Baum herab, hob die Leiche hoch und ließ sie fallen. Dann nahm er den Korb, schaute hinein und hinaus, durchsuchte die Bananenschalen, konnte aber nichts Essbares mehr finden.

Er begann nachzudenken, kratzte sich das Fell auf dem Kopf, an den Seiten und am Bauch, hob geistesabwesend erst das eine und dann das andere auf. Und dann schien er einen Plan geschmiedet zu haben.

Was auch immer es war, er tat Folgendes. Es war noch früh am Morgen, und da die Sonne noch nicht zu sehen war, war es kalt, und die Menschen mussten ihren letzten Schlaf beendet haben. Er stand auf und ging geradewegs zur Plantage. Am Rande des Bananenhains hörte er einen Hahn krähen; er blieb stehen und lauschte ihm; er wurde wütend.

„Jemand", sagte er zu sich selbst, „stiehlt meine Bananen", und marschierte in die Richtung, wo der Hahn krähte.

Er kam zu dem offenen Platz vor dem Dorf und sah mehrere hohe Häuser, die viel größer waren als sein eigenes Nest. Und während er sie betrachtete, wurde die Tür eines davon geöffnet und ein Mann kam heraus. Er kroch auf ihn zu, und bevor er schreien konnte, hatte ihn der Gorilla so lange gequetscht, bis seine Rippen gebrochen waren und er tot war. Er warf ihn nieder und betrat die Hütte. Dort sah er eine Frau, die ein Feuer auf dem Herd anblies, und er packte sie und quetschte sie, bis kein Leben mehr in ihrem Körper war. Es waren drei Kinder darin und ein Bett auf dem Boden. Er behandelte sie auf die gleiche Weise und sie waren alle tot. Dann ging er in ein anderes Haus und erschlug alle Menschen darin, einen mit einem Quetschen, einen anderen mit einem Quetschen und einem Biss mit seinen großen Zähnen, und keiner blieb am Leben. Auf diese Weise drang er in fünf Häuser ein und tötete alle Menschen darin, aber im sechsten Haus lebten der Junge Kinneneh und seine alte Mutter.

Kinneneh hatte sich eingebildet, ein ungewöhnliches Geräusch zu hören, und stand eine Zeit lang drinnen mit den Augen dicht an einem Spalt in der Schilftür, als er etwas sah, das halb Tier und halb Mensch ähnelte. Es ging wie ein Mensch, hatte aber das Fell eines Tieres. Seine Arme waren lang und sein Körper war doppelt so breit und dick wie ein ausgewachsener Mann. Er wusste nicht, was es war, und als er es in die Häuser seiner Nachbarn gehen sah und diese seltsamen Geräusche hörte, bekam er Angst, drehte sich um und weckte seine Mutter und sagte:

„Mutter, wach auf! In unserem Dorf ist ein seltsames großes Tier, das unsere Leute tötet. Also wach schnell auf und folge mir."

„Aber wohin sollen wir fliegen, mein Sohn?", flüsterte sie besorgt.

„Geh auf den Dachboden und versteck dich im dunkelsten Ort", antwortete Kinneneh, und er ging mit gutem Beispiel voran und half seiner Mutter.

Diese Häuser in Uganda haben keine niedrigen Dächer wie die im Kongo, sondern sind sehr hoch, so hoch wie ein Baum, und sie steigen spitz zu, und ganz oben ist ein Dachboden, auf dem wir unsere Netze und Töpfe verstauen, wo unsere Speerschäfte und Bögen zum Würzen aufbewahrt werden, wo unser Getreide zum Trocknen aufbewahrt wird und grüne Bananen zum Reifen gelagert werden. An diesem dunklen, hohen Ort versteckte sich Kinneneh mit seiner Mutter und wartete schweigend.

Kurz darauf steckte der Gorilla seinen Kopf in ihr Haus und lauschte, und als er hineinging, blieb er eine Weile stehen und sah sich forschend um. Er konnte niemanden sehen und hörte keine Bewegung. Er spähte unter das Bettgras, in die schwarzen Töpfe und Körbe, aber es war kein Lebewesen zu finden.

„Ha, ha", rief er und schlug sich auf die Brust wie ein Mann, der einen dicken Kopf hat. „Ich bin jetzt der Boss hier, und das höchste dieser menschlichen Nester wird mir gehören, und ich werde mich jeden Tag an reifen Bananen und Kochbananen laben, und niemand kann mich belästigen – ha, ha!"

„Ha, ha!", hallte eine schrille, piepsige Stimme nach seinem großen Bass.

Der Gorilla sah sich noch einmal zwischen den Töpfen und Körben um, aber da er nichts fand, ging er hinaus. Nach einer Weile hüpfte Kinneneh die Leiter hinunter und beobachtete das offene Rohrgeflecht der Tür. Er sah ihn in den Bananenhain gehen und wartete dort, bis er mit einer gewaltigen Ladung Früchte zurückkam. Dann sah er ihn wieder in den Hain hinausgehen und bat seine Mutter, still und geduldig zu liegen. Kinneneh schlüpfte hinaus und stieg auf den Dachboden des Hauses, das der Gorilla als sein Nest gewählt hatte, wo er sich versteckte und wartete.

Bald darauf kam der Gorilla mit einer weiteren Ladung Früchte zurück, hockte sich auf seine Hinterbeine und begann, die Früchte zu schälen und sich Hals und Mund damit zu füllen. Dabei murmelte und kicherte er und sagte:

„Ha, ha! Das ist großartig! Jede Menge Bananen zum Essen und alles – alles mein Eigenes. Keiner, der sagt: ‚Gib mir welche‘, sondern alles mein Eigenes. Ho, ho! Ich werde jeden Tag schlemmen. Ha, ha!"

„Ha, ha", hallte die piepsende Stimme erneut.

Der Gorilla hörte auf zu essen und runzelte die Stirn, während er zuhörte. Dann sagte er:

„Das ist das zweite Mal, dass ich eine dünne Stimme ‚Ha, ha!‘ rufen höre. Wenn ich nur wüsste, wer derjenige war, der ‚Ha, ha!‘ rief, würde ich ihn drücken und drücken, bis er ‚Ugh, ugh!‘ schreit."

„Ugh, ugh!", hallte die kleine Stimme erneut.

Der Gorilla sprang auf und durchsuchte die Töpfe und Körbe, packte einen Körper nach dem anderen und schleuderte ihn auf den Boden. Dann ging er zu jedem Haus und suchte, konnte jedoch nicht herausfinden, wer ihn verspottet hatte.

Kurz darauf kam er zurück und aß einen Haufen Bananen, von dem zwanzig Männer satt gewesen wären. Danach ging er hinaus und sagte sich, dass es gut wäre, das Nest mit Nahrung zu füllen, da es langweilig sei, jedes Mal, wenn er Appetit verspüre, das warme Nest zu verlassen.

Kaum war er gegangen, als Kinneneh herunterrutschte und jedes Bündel, das übrig geblieben war, zu seinem eigenen Haus trug, wo es auf dem Dachboden für seine Mutter verstaut wurde. Nachdem er seiner Mutter befohlen hatte, still zu sein, wartete er und spähte durch die Türritzen.

Bald sah er, wie Gorilla einen Haufen Trauben trug, für dessen Transport zehn Männer nötig gewesen wären, und nachdem er sie in das Haus des Häuptlings geworfen hatte, kehrte er zur Plantage zurück, um weiteren

Nachschub zu holen. Während Gorilla die Pflanzen abriss und die Trauben pflückte, war Kinneneh eifrig damit beschäftigt, das, was er mitgebracht hatte, auf den Dachboden neben seiner Mutter zu bringen. Gorilla machte auf diese Weise viele Gänge und brachte große Haufen herein, aber irgendwie schien sein Vorrat sehr klein zu sein. Schließlich war seine Kraft erschöpft und da er das Gefühl hatte, an diesem Tag nichts mehr tun zu können, begann er, von dem zu fressen, was er zuletzt mitgebracht hatte, und versprach sich, dass er es am Morgen besser machen würde.

Im Morgengrauen eilte der Gorilla hinaus, um sich Obst für sein Frühstück zu besorgen, und Kinneneh nutzte seine Abwesenheit, um sich oben zu verstecken.

Er blieb noch nicht lange an seinem Platz, da kam Gorilla mit einer riesigen Ladung reifer Früchte herein, und nachdem er es sich mit einer großen Ladung vor sich auf seinen Fersen bequem gemacht hatte, wiegte er sich hin und her und sagte, während er mampfte:

„Ha, ha! Jetzt habe ich wieder genug und werde alles selbst aufessen. Ha, ha!"

„Ha, ha", wiederholte eine dünne Stimme erneut, die ihm so nah und klar vorkam, dass er aufsprang und sicher war, sie zu hören. Da es so aussah, als sei niemand im Haus, stürzte er wütend und knirschend mit den Zähnen hinaus und durchsuchte die anderen Häuser, aber in der Zwischenzeit trug Kinneneh die Bananen auf den Dachboden des Gorillahauses und bedeckte sie mit Rindenstoff.

Kurz darauf kam Gorilla wütend und enttäuscht zurück und setzte sich hin, um das Frühstück zu beenden, das er gerade begonnen hatte, aber als er seine Hände ausstreckte, fand er nur die verdorrten Schalen der Bananen von gestern. Er suchte und kramte herum, aber es war definitiv nichts mehr zu essen übrig. Er war jetzt schrecklich hungrig und wütend und rannte los, um sich einen weiteren Vorrat zu holen, den er hereinbrachte und auf den Boden warf, während er sagte:

„Ha, ha! Ich werde jetzt alles auf einmal essen – ganz für mich allein, und dieses andere Ding, das ‚Ha, ha!' sagt, werde ich hinter mir herjagen und so zerquetschen", und er schnappte sich eine reife Banane und zerquetschte sie mit seiner Pfote so heftig, dass das Fruchtfleisch über ihn gespritzt wurde. „Ha, ha!", rief er.

„Ha, ha!", spottete die schrille Stimme, so klar, dass es schien, als käme sie hinter seinem Ohr.

Das war zu viel für ihn; Gorilla sprang auf und stieß ein wütendes Gebrüll aus. Er warf die Töpfe, Körbe, Leichen und das Bettgras umher – und brüllte in seiner Wut so laut und komisch, dass Kinneneh, weit oben auf dem

Dachboden, es kaum unterlassen konnte, ihn nachzuahmen. Aber der Spötter war nicht zu finden, und Gorilla brüllte laut auf dem offenen Platz vor dem Dorf und stürmte in jedes Haus hinein und wieder hinaus, um ihn zu suchen.

Kinneneh kam rasch aus seinem Versteck herunter und trug wie zuvor jede Banane auf den Dachboden.

Gorilla eilte wieder zur Plantage und war so wütend, dass er die Bananenstauden mitsamt der Wurzel ausriss und die Büschel mit einem Schlag seiner großen Hundezähne abbrach. Nachdem er einen großen Vorrat zusammengetragen hatte, trug er ihn in seinen Armen zum Haus.

„So", sagte er, „ha, ha! Jetzt werde ich gemütlich essen und danach lange schlafen, und wenn der Kerl, der mich verspottet, in die Nähe kommt – ah! Das würde ich tun" – und er zerdrückte ein großes Bündel in seinen Armen und rief: „ha, ha!"

„Ha, ha! Ha, ha!", rief die spöttische Stimme; und wieder schien sie von hinten zu kommen. Woraufhin Gorilla die Arme nach hinten schleuderte, in der Hoffnung, ihn zu fangen, aber da war nichts als sein eigener Rücken, der bei dem Schlag wie eine feuchte Trommel klang.

„Ha, ha! Ha, ha!", wiederholte die Stimme, woraufhin Gorilla aus der Tür schoss und um das Haus rannte, weil er dachte, der Besitzer fliege vor ihm her, aber er konnte den Flieger nie einholen. Dann flog er um die anderen Häuser herum und flog rundherum um das Dorf, aber er konnte nichts entdecken. Aber inzwischen hatte Kinneneh den ganzen Bananenvorrat auf den Dachboden gebracht, und als Gorilla zurückkam, war von dem großen Haufen, den er mitgebracht hatte, keine einzige Banane mehr auf dem Boden.

Als er sicher war, dass kein einziges Stück Banane mehr für ihn übrig war, kratzte er sich an den Seiten und Beinen, legte die Hand auf den Kopf und stieß einen lauten Schrei aus, wie ein großes, dummes Kind, aber das Weinen füllte seinen Bauch nicht. Nein, dafür brauchte er Bananen – und nach einer Weile stand er auf und ging, um sich noch etwas Obst zu holen.

Aber wenn er einen großen Haufen davon gebracht hatte und sich mit seinem wohlriechenden Bündel vor sich hinsetzte, rief er aus: „Ha, ha! Jetzt – jetzt werde ich essen und satt sein. Ich werde mich mit der süßen Frucht satt essen und mich dann hinlegen und schlafen. Ha, ha!"

Dann rief ihm sofort die spöttische Stimme hinterher: „Ha, ha!" Und manchmal klang sie dicht vor seinen Ohren und dann hinter seinem Kopf, manchmal schien sie unter den Bananen hervorzukommen und manchmal aus dem Türrahmen. Der Gorilla brüllte wütend und knirschte mit den Zähnen wie mit zwei Mühlsteinen und plapperte vor sich hin und rannte durch das Dorf, um herauszufinden, woher die Stimme kam. Doch in seiner Abwesenheit wurde die Frucht von seinem unsichtbaren Feind weggefegt, und als er zurückkam, um sein Mahl zu beenden, waren da nur noch geschwärzte und fleckige Bananenschalen – der Abfall seines ersten Festmahls.

Gorilla schrie dann wie ein geprügeltes Kind und ging wieder auf die Plantage, um noch mehr Obst ins Haus zu bringen, aber wenn er damit zurückkam, prahlte er immer mit dem, was er tun wollte, und schrie „Ha, ha!", und sofort verspottete ihn sein unsichtbarer Feind und schrie „Ha, ha!", und er sprang auf, tobte und schrie vor Wut und suchte nach ihm, und in seiner Abwesenheit wurden ihm seine Bananen weggenommen. Und Gorillas Hunger wuchs, bis sein Bauch wie ein leerer Sack wurde, und durch seinen Hunger und Kummer und seine Wut und sein wütendes Toben und Herumrennen waren seine Kräfte schließlich völlig erschöpft, und sein Ende war, dass er am fünften Tag vor Schwäche über die Schwelle des Hauses des Häuptlings fiel, das er als sein Nest auserwählt hatte, und dort starb.

Als die Leute aus dem Nachbardorf hörten, wie der kleine Junge Kinneneh den menschentötenden Gorilla besiegt hatte, nahmen sie ihn und seine Mutter mit und gaben ihm ein schönes neues Haus und eine Plantage sowie Sklaven und Sklavinnen, die sich darum kümmerten. Und als ihr alter König starb und die Trauerzeit um ihn vorüber war, wählten sie den weisen Kinneneh zu ihrem König.

„Ach, Freunde", sagte Safeni zu seinen Gefährten, nachdem Kadu seine Geschichte beendet hatte, „es gibt keinen Zweifel, dass die Schlauheit eines Menschensohnes über das stärkste Tier siegt, und es ist gut für uns, Mashallah! dass es so ist; denn wenn der Elefant, der Löwe oder der Gorilla nur eine Schlauheit besäßen, die ihrer Stärke ebenbürtig wäre, was würde dann aus uns werden!"

Und jeder der Männer zog sich in seine Hütte zurück und gratulierte sich selbst dazu, dass er als männliches Kind und nicht als dummes, wirres Tier geboren worden war.

Kapitel Siebzehn.

Die Stadt der Elefanten.

„Meister", sagte Kassim, einer der Basoko-Jungen, „Barutis Geschichten haben aus vergessenen Dingen eine Legende zurückgebracht, die ich einst sehr gut kannte. Ach, ich wünschte, ich könnte mich an mehr erinnern, aber nach und nach werden die Geschichten, die ich in meiner Kindheit von meiner Mutter und der alten Frau hörte, die kam und bei ihr saß, vielleicht wieder in mein Gedächtnis zurückkehren. Ich hätte nie an das gedacht, was ich Ihnen jetzt erzählen werde, wenn Barutis Legenden mich nicht an die Tage erinnern würden, die in unserem Basoko-Dorf ungezählt kamen und gingen, als wären sie erst gestern gewesen. Diese Legende handelt von der Stadt der Elefanten, die einer meiner Landsleute und seine Frau in längst vergangenen Zeiten entdeckten, und zwar auf die Art und Weise, die ich Ihnen erzählen werde."

Ein Mann aus Bungandu namens Dudu und seine Frau Salimba suchten eines Tages weit entfernt von der Stadt im Wald nach einem geeigneten Mammutbaum, aus dem sie einen hölzernen Mörser herstellen konnten, in dem sie ihre Maniok zerstoßen konnten. Auf ihrem Weg sahen sie mehrere Bäume dieser Art, aber nachdem sie einen und dann noch einen untersucht hatten, schienen sie unzufrieden und sagten: „Vielleicht finden wir einen noch besseren Baum für unseren Zweck, wenn wir noch ein wenig weiter gehen."

Und so drangen Dudu und Salimba immer weiter in die hohen und dichten Wälder vor, und immer schienen noch schönere Bäume vor ihnen zu stehen, die sich aber letztlich nicht für ihren Zweck eigneten, da sie zu weich oder zu hart oder hohl oder zu alt oder von einer anderen Art als das nützliche Redwood waren. Auf diese Weise verirrten sie sich sehr weit. In einem Wald ohne Pfad oder Weg ist es nicht leicht zu erkennen, aus welcher Richtung man kam, und da sie um viele Bäume herumgegangen waren, waren sie zu verwirrt, um zu wissen, in welche Richtung sie nach Hause gehen sollten. Als Dudu sagte, er sei sicher, dass sein Weg der richtige nach Hause sei, war Salimba ebenso sicher, dass der entgegengesetzte Weg der richtige sei. Sie einigten sich darauf, in die von Dudu gewünschte Richtung zu gehen, und nachdem sie lange darauf gewartet hatten, gaben sie es auf und versuchten es in einer anderen, aber keiner dieser Wege brachte sie ihrem Zuhause ein Stück näher.

Die Nacht brach herein und sie schliefen am Fuße eines Baumes. Am nächsten Tag entfernten sie sich noch weiter von ihrer Stadt und wurden ängstlich und hungrig. Da man im Wald in keiner Richtung viele Meter weit sehen kann, hört ein Tier den Schritt eines Jägers lange bevor dieser seine

Waffe benutzen kann. Obwohl sie also das Rascheln der fliegenden Antilope oder des davonrasenden Wildschweins hörten, wurde ihre Angst nur noch größer. Und der zweite Tag verging und als die Nacht hereinbrach, waren sie noch hungriger.

Gegen Mitte des dritten Tages kamen sie an eine offene Stelle neben einem Teich, der häufig von Kiboko (Nilpferden) besucht wurde. Der Teich war von einem Grassaum umgeben. Als sie ihn erblickten, erblickten beide gleichzeitig einen grasenden Büffel.

Dudu bat seine Frau, hinter einem Baum zu stehen, während er zwei seiner besten und schärfsten Pfeile auswählte. Nach einem sorgfältigen Blick auf seine Bogensehne schlich er sich an den Büffel heran und schoss einen Pfeil bis zum Leitblatt, das ihn fast in den Körper des Tieres bohrte. Während das Tier sich umsah und vor dem Stechen im Inneren erschrak, schoss Dudu ihm seinen zweiten Pfeil in die Luftröhre, die erstickt zu Boden fiel. Jetzt gab es Wasser zu trinken und etwas zu essen, und nachdem sie eine Ladung Fleisch geschnitten hatten, wählten sie ein dichtes Buschwerk ein Stück vom Teich entfernt, machten ein Feuer und schliefen zufrieden, nachdem sie ihren Hunger gestillt hatten. Am vierten Tag machten sie Halt und brieten einen Fleischvorrat, der viele Tage reichen würde, denn sie wussten, dass das Glück im Wald nicht immer nah ist.

DUDU AND HIS WIFE MEET A YOUNG LION.

Am fünften Tag reisten sie weiter und wanderten noch drei weitere Tage. Dann begegneten sie einem jungen Löwen, der bei ihrem Anblick kühn auf sie zukam, doch Dudu visierte seinen Bogen an und schoss ihm einen Pfeil in die Brust, der ihm die Lust am Kampf nahm, und er drehte sich um und floh.

Ein paar Tage später sah Dudu einen Elefanten in ihrer Nähe hinter einem hohen Busch stehen und flüsterte seiner Frau zu:

„Ah, jetzt haben wir eine Chance, genug Fleisch für einen Monat zu bekommen."

„Aber", sagte Salimba, „warum willst du ihn töten, wenn wir noch genug Fleisch bei uns haben? Tu ihm nicht weh. Ach, was hat er für einen schönen Rücken und wie stark ist er. Vielleicht trägt er uns nach Hause."

„Wie könnte ein Elefant unsere Wünsche verstehen?", fragte Dudu.

„Reden Sie trotzdem mit ihm, vielleicht ist er klug genug, um zu verstehen, was wir wollen."

Dudu lachte über die Einfalt seiner Frau, aber um ihr eine Freude zu machen, sagte er: „Elefant, wir haben uns verlaufen. Wirst du uns tragen und nach Hause bringen, dann werden wir für immer deine Freunde sein."

Der Elefant hörte auf, mit seinem Rüssel zu wedeln, nickte vor sich hin, wandte sich ihnen zu und sagte:

„Wenn du näher zu mir kommst und mich an den Ohren packst, kannst du auf meinen Rücken steigen und ich werde dich sicher tragen."

Als der Elefant sprach, wich Dudu überrascht zurück und sah ihn an, als hätte er falsch gehört, doch Salimba kam voller Zuversicht näher, packte ihn an einem Ohr und zog sich auf seinen Rücken. Als sie saß, rief sie: „Komm, Dudu, was guckst du so? Hast du nicht gehört, dass er gesagt hat, er würde dich tragen?"

Als Dudu seine Frau auf dem Rücken des Elefanten lächeln und sich wohlfühlen sah, wurde er etwas mutiger und bewegte sich langsam vorwärts, als der Elefant wieder sprach: „Komm, Dudu, hab keine Angst. Folge deiner Frau und tu, was sie getan hat, und dann werde ich schnell mit dir nach Hause reisen."

Dann legte Dudu seine Ängste und seine Überraschung beiseite, ergriff das Ohr des Elefanten, stieg hinauf und setzte sich neben seiner Frau auf den Rücken des Elefanten.

Ohne ein weiteres Wort bewegte sich der Elefant schnell weiter, und Dudu und Salimba fanden die Bewegung äußerst vergnüglich. Wenn ein überhängender Ast im Weg war, riss der Elefant ihn ab oder bog ihn um und ging weiter. Kein Bach, kein Fluss, keine Schlucht und kein Fluss hielt ihn auf, er schien genau zu wissen, wohin er gehen musste, als ob er die Straße, auf der er reiste, gut kannte.

Als es dunkel wurde, hielt er an und fragte seine Freunde, ob sie sich nicht für die Nacht ausruhen wollten. Als er merkte, dass sie das wünschten, hielt er an einem schönen Platz am Flussufer an und sie ließen sich auf den Boden gleiten, Dudu zuerst und Salimba zuletzt. Dann brach er für sie tote Äste ab, aus denen sie ein Feuer machten, und der Elefant blieb bei ihnen, als wäre er ihr Sklave.

Als er ihr Gespräch hörte, verstand er, dass sie gern etwas Besseres als getrocknetes Fleisch zu essen hätten, und er sagte zu ihnen: „Ich freue mich, eure Wünsche zu kennen, denn ich glaube, ich kann euch helfen. Bleibt ein wenig hier, dann gehe ich los und suche."

Etwa um Mitternacht kam er zu ihnen zurück. In seinem Koffer hatte er etwas Weißes, vor sich eine junge Antilope. Das Weiße war eine große Maniokwurzel, die er Salimba in den Schoß fallen ließ.

„Da, Salimba", sagte er, „da ist Essen für dich, iss dich satt und schlaf in Frieden, denn ich werde über dich wachen."

Dudu und Salimba hatten an diesem Tag viele seltsame Dinge gesehen, aber sie waren beide noch mehr erstaunt über die freundliche und intelligente Fürsorge, die ihr Freund, der Elefant, für sie walten ließ. Während sie ihr frisches Fleisch über der Flamme brieten und die Maniokwurzel unter dem Haufen heißer Glut brutzelte, grub der Elefant mit seinen Stoßzähnen nach den saftigen Wurzeln seiner Lieblingsbäume rund um ihr Lager und kaute zufrieden darauf herum.

Am nächsten Morgen machten sich alle drei nach einem Bad im Fluss vertrauter miteinander und in besserer Stimmung auf die Reise.

Gegen Mittag, während sie sich in der Hitze des Tages ausruhten, kamen zwei Löwen näher und brüllten sie an, aber als Dudu seinen Bogen auf einen von ihnen richtete, sagte der Elefant:

„Überlasst sie mir. Ich werde sie ziemlich schnell davonlaufen lassen", sagte er und riss einen großen Ast von einem Baum ab, nährte ihn mit seinem Rüssel und trabte im Laufschritt auf sie zu. Dabei benutzte er ihn so kräftig, dass sie beide mit dem Bauch auf dem Boden davonhuschten und ihre Häute vor Angst vor der großen Rute zusammenzuckten und zitterten.

Am Nachmittag machten sich der Elefant und seine menschlichen Freunde wieder auf den Weg und einige Zeit später kamen sie zu einem breiten und tiefen Fluss. Er bat seine Freunde, hinabzusteigen, während er versuchte, die seichteste Stelle zu finden. Er brauchte eine Weile, um dies zu tun; doch als er eine Furt entdeckte, wo ihm das Wasser nicht ganz über den Rücken stand, kehrte er zu ihnen zurück und drängte sie, auf ihn aufzusteigen, da er vor Einbruch der Dunkelheit zu Hause ankommen wollte.

Als der Elefant im Begriff war, den Fluss zu betreten, sagte er zu Dudu: „Ich sehe einige Jäger deiner Art auf uns zukommen. Vielleicht sind sie deine Verwandten. Sprich mit ihnen und lass uns sehen, ob sie Freunde oder Feinde sind."

Dudu rief sie an, aber sie antworteten nicht. Und als sie näher kamen, sah man, dass sie sich bereit machten, ihre Speere zu werfen. Da sagte der Elefant: „Ich sehe, dass sie nicht deine Freunde sind. Wenn ich also den Fluss überquere, pass auf sie auf und halte sie auf Abstand. Wenn sie auf die andere Seite des Flusses kommen, weiß ich, was ich mit ihnen zu tun habe."

Sie erreichten das gegenüberliegende Ufer sicher. Doch als sie an Land gingen, bemerkten Dudu und Salimba, dass ihre Verfolger ein Kanu entdeckt hatten und ihnen kräftig hinterherzogen. Doch bald nach der Landung kam der Elefant zu einem breiten, durch viel Weg geebneten Pfad, auf dem er sie mit schnellem Tempo vorwärtstrieb, so schnell, dass die Verfolger rennen mussten, um mit ihnen Schritt halten zu können. Dudu schoss ab und zu einen Pfeil auf die Jäger, wodurch sie in sicherer Entfernung blieben.

Gegen Abend erreichten sie die Elefantenstadt, die sehr groß war und einer solchen Menschenmenge, wie sie jetzt sahen, Unterschlupf bot. Ihr Elefant hielt sich jedoch nicht auf, sondern nahm seine Freunde mit dem gleichen schnellen Tempo mit, bis sie zu einem mächtigen Elefanten kamen, der viel größer war als alle anderen, und dessen Elfenbein weiß schimmerte und zusammengerollt und außerordentlich lang war. Vor ihm forderte ihr Freund Dudu und Salimba auf, herunterzusteigen und Salaam zu sagen, und er erzählte seinem Herrn, wie er sie verloren im Wald gefunden hatte und wie er sich wegen der freundlichen Worte der Frau mit ihnen angefreundet und sie in die Stadt seines Stammes geführt hatte. Als der Elefantenkönig das alles hörte, war er sehr erfreut und sagte zu Dudu und Salimba, dass sie in seiner Stadt willkommen seien und dass es ihnen an nichts fehlen würde, solange sie bei ihnen bleiben wollten, aber was die Jäger betreffe, die es gewagt hätten, sie zu jagen, würde er sofort Befehle erteilen. Er gab also ein Signal und zehn lebhafte junge Elefanten rannten aus der Stadt, und nach kurzer Zeit war keiner der Jäger mehr am Leben, obwohl einer von ihnen in den Fluss gesprungen war, weil er dachte, er könne auf diese Weise entkommen. Aber Sie wissen ja, dass ein Elefant sich in einem Fluss genauso wohl fühlt wie ein Kiboko (ein Nilpferd), sodass der letzte Mann bald gefangen war und ertrank.

DUDU AND SALIMBA INTRODUCED TO KING ELEPHANT.

Dudu und Salimba jedoch durften den Ort verlassen, weil Salimba so gutherzig war und verhindert hatte, dass ihr Mann den Elefanten verletzte. Ihr Freund nahm sie mit zu vielen Familien. Die großen Väter und Mütter erzählten ihren kleinen Babys alles über sie und ihre Gewohnheiten und sagten, dass die meisten Menschen zwar sehr dumm und böse seien, Dudu und Salimba aber sehr brav. Sie steckten ihre Rüssel in die Ohren und flüsterten, dass Salimba der bessere von beiden sei. Dann versammelten sich die kleinen Elefanten um sie, trabten neben ihnen her und um sie herum und unterhielten sie mit ihren Mätzchen, Wettrennen, Ringkämpfen und anderen Kraftproben. Wenn sie aber in ihrem wilden Spiel zu vertraut und etwas grob wurden, ermahnte sie ihr Elefantenfreund, und wenn das nicht genügte, vertauschte er sie gründlich.

Die Stadt der Elefanten war eine geräumige und gut betretene Lichtung inmitten eines dichten Waldes, und beim Betreten sah man, wie weise die Elefantenfamilien ihre Lebensweise eingerichtet hatten. Denn draußen standen die Bäume so dicht wie Schilf, und das Buschwerk oder Unterholz glich einer alten Hecke aus Seidenpflanzen, zusammengehalten von dornigen Ranken und schlangenartigen Kletterpflanzen, in die nicht einmal der menschliche Jäger seine Nase stecken konnte, ohne sich zu verletzen. Nun, die stämmigen Elefanten hatten durch viel Entwurzeln tiefe Höhlen oder Nischen geschaffen, in denen sich eine Familie von zwei oder mehr Personen gemütlich ausruhen konnte, ohne dass nicht einmal ein Sonnenstrahl sie erreichte. Rund um die große Lichtung verliefen die dunklen, mit Blättern bedeckten Bögen, und Dudu und seine Frau sahen, dass es zahlreiche Elefantenfamilien gab – denn ein kurzer Blick genügte, um zu erkennen, dass es in einem ansehnlichen Dorf mehr Elefanten als Menschen gab. In einigen der Nischen stand eine Reihe von sechs oder mehr Elefanten; in einem anderen standen die Eltern Kopf an Kopf und ihre Kinder, große und kleine, schmiegten sich dicht an die Seiten ihrer Eltern; in einem anderen stand eine Familie mit dem Kopf zum Eingang gewandt und so weiter ringsum – während unter einem großen Baum in der Mitte eine ganze Menge großer Kerle war, als hielten sie ein ernstes Palaver ab; unter einem anderen Baum schien einer auf der Aussichtsplattform zu stehen; ein anderer ging langsam von einer Seite auf die andere; ein anderer zupfte an diesem oder jenem Ast; ein anderer schien einen Baum umzuheben oder ein stumpfes Elfenbein zu schärfen; andere schienen damit beauftragt zu sein, die Triebe auszureißen, damit die Lichtung nicht vom Unterholz erstickt würde. Nahe dem Eingang stand auf beiden Seiten eine mutige Gruppe von ihnen, die Gesichter nach außen gewandt, die Rüssel schwangen, die Ohren spitzten, sich aneinander rieben oder mit dem Kopf an dem Kopf schläfrig über etwas nachzudenken schienen. Es war ein fortwährendes Kommen und Gehen, einzeln oder in kleinen Gruppen. Die Wege, die durch die Lichtung führten, waren wie ein Netz, sauber und glatt, und der Weg zum Königssitz war so breit, dass zwanzig Männer nebeneinander gehen konnten. Am anderen Ende stand der König unter seinem eigenen Baum, seine Familie unter den Bögen hinter ihm.

Dies war die Stadt der Elefanten, wie Dudu und Salimba sie sahen. Ich muss sagen, dass sie viele Ausgänge hatte. Einer führte geradewegs durch den Wald flussaufwärts, am anderen Ende verlief er flussabwärts; einer führte zu einem kleinen See, wo saftige Pflanzen und Schilf gediehen wie Korn auf den Feldern der Menschen, und wo die Elefanten sich an seinem kühlen Wasser erfreuten und sich und ihre Kinder wuschen; ein anderer führte zu einer alten Lichtung, wo Kochbananen und Maniok wild wuchsen und wo mehr als zwei Menschenstämme für zahllose Jahreszeiten Nahrung finden konnten.

Dann sagte ihr Freund zu Dudu und Salimba: „Nachdem ich euch nun unsere Lebensweise gezeigt habe, ist es an euch, eure Sehnsucht für eine Weile zu stillen und bei uns auszuruhen. Wenn ihr euch nach Hause sehnt, geht und erzählt es unserem König, und er wird euch mit Ehre zu euren Verwandten schicken."

Dann beschlossen Dudu und seine Frau, zu bleiben und zu essen, und sie blieben eine ganze Saison, nicht nur unverletzt, sondern auch liebevoll umsorgt, ohne eine Stunde Hunger oder eine unruhige Nacht. Doch schließlich erinnerte sich Salimbas Herz an ihre Kinder und Verwandten und ihr eigenes warmes Haus und die Freuden des Dorfes, und als er ihrem Mann diese Erinnerungen erzählte, sagte er, dass es schließlich keinen Ort wie Bungandu gäbe. Er erinnerte sich an seine lange Pfeife und das Plauderhaus, das Stuhlbauen, das Polieren von Pfeilen, das Anbringen von Bögen und die

kleinen Bastelarbeiten, den Weintrog und die lustigen Trinkgelage, und er
weinte leise, als er daran dachte.

Sie waren sich also einig, dass es für sie an der Zeit war, die Heimreise
anzutreten. Gemeinsam suchten sie den Elefantenkönig auf und erzählten
ihm freimütig von ihrer Lage.

„Meine Freunde", antwortete er, „seid nicht länger traurig, sondern eilt fort.
Bei Tagesanbruch werden euch Führer mit Geschenken nach Bungandu
bringen, die euch bei eurem Volk willkommen heißen. Und wenn ihr zu
ihnen kommt, sagt ihnen, dass der Elefantenkönig dauerhaften Frieden und
Freundschaft mit ihnen wünscht. Wir von unserer Seite werden ihre
Pflanzungen nicht beschädigen, weder eine Bananen- noch eine
Maniokwurzel, die ihnen gehört; und ihr von eurer Seite werdet keine Gruben
für unsere unvorsichtigen Kinder graben, noch das Stacheleisen hoch
aufhängen, noch den vergifteten Pfahl in den Pfad pflanzen, damit wir nicht
verletzt werden und nicht provoziert werden." Und Dudu legte seine Hand
auf den Rüssel des Königs als Zeichen der Treue.

Am Morgen standen vier Elefanten als Überbringer der Geschenke des
Königs – Ballen aus Rindenstoff, prächtige Matten, weiche Felle und andere
Dinge – sowie zwei Kampfelefanten neben ihrem alten Freund am Eingang
der Stadt. Als der Königselefant näher kam, hob er zuerst Salimba auf den
Rücken ihres alten Gefährten und setzte dann Dudu neben sie, und mit
einem Abschiedswinken zog die Gruppe weiter.

Nach zehn Tagen erreichten sie den Rand der Plantage von Bungandu, und
der Anführer hielt an. Die Ballen wurden auf den Boden gelegt, und dann
fragte ihr Freund Dudu und seine Frau:

„Weißt du, wo du bist?"

„Das tun wir", antworteten sie.

„Ist das Bungandu?", fragte er.

„Das ist Bungandu", antworteten sie.

„Dann trennen wir uns hier, damit wir deine Freunde nicht beunruhigen.
Gehe jetzt deinen Weg, und wir gehen unseren Weg. Geh und erzähle deinen
Leuten, wie die Elefanten ihre Freunde behandeln, und lass für immer
Frieden zwischen uns herrschen."

Die Elefanten wandten sich ab, und Dudu und Salimba versteckten ihre
Schätze im Unterholz und gingen Arm in Arm in das Dorf Bungandu. Als
ihre Freunde sie sahen, begrüßten sie sie, wie wir unsere Freunde begrüßen
würden, von denen wir lange geglaubt hatten, sie seien tot, die aber lächelnd
und freudig zu uns zurückkommen. Als die Leute ihre Geschichte hörten,

waren sie sehr verwundert und zweifelten, aber als Dudu und Salimba sie zum Abschiedsort brachten und ihnen die Hufabdrücke von sieben Elefanten auf der Straße und die Ballen zeigten, die sie im Unterholz versteckt hatten, glaubten sie ihre Geschichte. Und von diesem Tag an machten sie es zu einer Regel, dass kein Mann des Stammes jemals einen Speer heben, einen Bogen spannen, eine Grube graben, einen vergifteten Pfahl in den Weg rammen oder das Stacheleisen hochhängen sollte, um einem Elefanten wehzutun. Und als Beweis, dass ich nur die Wahrheit gesagt habe, gehen Sie zu den Bungandu und fragen Sie sie, und sie werden sagen, warum keiner ihrer Rasse jemals versuchen wird, einem Elefanten wehzutun, und es wird genauso sein, wie ich es Ihnen erzählt habe. Das ist meine Geschichte.

Kapitel Achtzehn.

Die Suche nach der Heimat der Sonne.

1883 hatten wir einen Mann namens Kanga bei uns, der ihm anscheinend von einem islamisierten Bewohner von Nyangwé verliehen wurde, weil einige seiner Gesichtsmale auf eine eingebildete Weise an die Flecken eines Perlhuhns erinnerten. Kanga hatte am Abendfeuer noch nicht gesprochen, war aber ein amüsierter Zuhörer gewesen. Als man die anderen Geschichtenerzähler am Sonntag in ihren bunten Gewändern sah, hat ihn das vielleicht dazu inspiriert, sich um eine eigene zu bemühen; jedenfalls überraschte er uns eines Abends mit der Aussage, er kenne eine Geschichte, die wir vielleicht gerne hören würden. Da Kangas Stamm die Wasongora-Meno am rechten Ufer des Lualaba zwischen Nyangwé und Stanley Falls waren, genügte die bloße Erwähnung einer Geschichte aus dieser Region, um mein Interesse zu wecken.

Nach einigen passenden Komplimenten an Kanga, die offensichtlich sehr geschätzt wurden, sagte er Folgendes:

Meister und Freunde. Wir haben eine alte Redensart unter uns, die sehr verbreitet ist. Es heißt, wer wartet und wartet, bis er an der Reihe ist, kann zu lange warten und seine Chance verpassen. Meine Zunge ist nicht so flink wie die mancher anderer, und meine Worte fließen nicht wie der tiefe Fluss. Ich bin eher wie der Bach, der von den Steinen in seinem Bett aufgewühlt wird, und ich hoffe, dass Sie nach dieser Erklärung nicht zu ungeduldig mit mir sein werden.

Meine Geschichte handelt von König Masama und seinem Stamm, den Balira, die weit im Innersten hinter (östlich) von uns lebten und die Ufer des großen Flusses bevölkerten. Früher waren sie sehr zahlreich und viele von ihnen kamen, um unter uns zu leben, aber eines Tages verließen König Masama und der Rest des Stammes ihr Land und gingen nach Osten, und man hat seitdem nie wieder etwas von ihnen gehört, aber diejenigen, die beschlossen, bei uns zu bleiben, erklärten ihr Verschwinden auf diese Weise.

Eine Frau schlief in einer kalten Nacht ein, nachdem sie ihr Feuer auf dem Herd angefacht hatte. Mitten in der Nacht hatte sich das Feuer immer weiter ausgebreitet und begann, die Trümmer auf dem Boden aufzulecken. Von der Trümmer kroch es zu ihrem Bett aus trockenen Bananenblättern und blies nach kurzer Zeit zu Flammen. Als die Frau und ihr Mann schließlich durch die Hitze geweckt wurden, waren die Flammen bereits bis ins Dach hochgeklettert und brannten wütend. Bald brachen sie durch die Spitze und sprangen in die Nacht hinauf, und ein Windstoß kam und trug die langen Flammen wie einen Feuerstrom zu den benachbarten Hütten, und nach kurzer Zeit hatte das Feuer jedes Haus erfasst, und das Dorf war vollständig niedergebrannt. Es wurde bald bekannt, dass neben den verbrannten Häusern und vielen Besitztümern auch mehrere alte Leute und Kleinkinder durch das Feuer umgekommen waren, und die Leute waren entsetzt und wütend.

Dann sagte eine Stimme: „Wir wissen alle, in wessen Haus das Feuer ausgebrochen ist, und der Eigentümer muss uns für unsere Verluste entschädigen."

Als der Mann der Frau dies hörte, erschrak er und floh voller Schuldgefühle in den Wald.

Am Morgen wurde ein Rat der Ältesten abgehalten, und man kam überein, dass der Mann, in dessen Haus das Feuer ausgebrochen war, für seine Unachtsamkeit büßen sollte, und sie suchten sofort nach ihm. Aber als sie nach ihm suchten, konnten sie ihn nicht finden. Da rüsteten sich alle jungen Krieger, die sich in der Holzverarbeitung auskannten, und bewaffneten sich, und suchten nach der Spur, und als einer von ihnen sie gefunden hatte, schrie er auf, und die anderen versammelten sich um ihn und nahmen sie auf, und als viele Augen darauf gerichtet waren, konnte die Spur nicht verloren gehen.

Bald kamen sie zu dem Mann, der unter einem Baum saß und bitterlich weinte.

Wortlos packten sie ihn an den Armen, trugen ihn mit sich und brachten ihn vor die Dorfväter. Er war keineswegs ein gewöhnlicher Mann. Er war als einer der bedeutendsten Männer Masamas bekannt und als jemand, dessen Rat oft befolgt wurde.

„Oh", sagten alle, „er ist ein reicher Mann und durchaus in der Lage, zu zahlen; doch selbst wenn er alles hergibt, was er hat, wird das unseren Verlust nicht ausgleichen können."

Die Väter besprachen lange die Angelegenheit und beschlossen schließlich, dass er ihnen, um sein verwirktes Leben zu retten, freiwillig seinen gesamten Besitz überlassen sollte. Und das tat er. Seine Bananen- und Kochbananenplantage, seine Felder mit Bohnen, Yamswurzeln, Maniok, Kartoffeln, Erdnüssen, seine Sklaven, Speere, Schilde, Messer, Paddel und Kanus. Als er alles aufgegeben hatte, wurden die Herzen der Menschen ihm gegenüber weicher und sie vergaben ihm den Rest.

Nachdem der Besitz des Ältesten gleichmäßig unter den Opfern des Brandes aufgeteilt worden war, fassten die Menschen neuen Mut und begannen mit dem Wiederaufbau ihrer Häuser. Bald darauf hatten sie ein neues Dorf und es sich so gemütlich gemacht wie zuvor.

Dann erließ König Masama ein Gesetz, ein sehr strenges Gesetz, wonach in Zukunft weder tagsüber noch nachts in den Häusern Feuer angezündet werden sollte. Und die Menschen, die sich jetzt sehr vor Feuer fürchteten, waren sich einig, das Gesetz einzuhalten. Doch bald merkte man, dass das Heilmittel gegen das Übel ebenso grausam war wie das Feuer. Denn die Häuser waren mit grünen Bananenblättern gedeckt, das Holz war grün und nass vom Saft, der Boden war feucht und kalt, die Luft tödlich, und die Menschen begannen unter Gelenkschmerzen zu leiden, ihre Knie waren steif, und die Schmerzen wanderten von einer Stelle zur anderen durch ihren Körper. Das Dorf war erfüllt von Stöhnen.

Masama litt am meisten, denn er war alt. Er zitterte Tag und Nacht, und manchmal klapperten seine Zähne so sehr, dass er nicht sprechen konnte. Danach brannte sein Kopf und der heiße Schweiß strömte aus ihm heraus, sodass er keine Ruhe fand.

Dann versammelte der König seine Häuptlinge und wichtigsten Männer und sagte:

„Oh, mein Volk, das ist unerträglich, denn mein Leben ist jetzt nur noch ein einziges, unaufhörliches Fieber. Lasst uns dieses Land verlassen, denn es ist verhext, und wenn ich länger bleibe, wird nichts mehr von mir übrig sein. Seht, meine Gelenke sind von meiner Krankheit steif, und meine Muskeln verkümmern. Ich fühle mich nur ein wenig wohl, wenn ich vor dem Haus auf der heißen Asche liege, aber wenn es regnet, muss ich mich ins Haus zurückziehen, und dort finde ich keinen Trost, denn der Schimmel breitet sich überall aus. Lasst uns also sofort ein wärmeres Klima aufsuchen. Seht, woher die Sonne jeden Morgen heiß und glühend hervorkommt; dort, wo sie zu Hause ist, muss es warm sein, und wir werden kein Feuer brauchen. Was sagt ihr?"

Masamas Worte erweckten ihre niedergeschlagenen Geister wieder. Sie blickten zur Sonne, als sie sie am Himmel aufsteigen sahen, und spürten ihr aufmunterndes Glühen auf ihren nackten Brüsten und Schultern, und sie riefen einmütig: „Lasst uns fortgehen und den Ort suchen, von dem er kommt."

Und die Leute machten sich bereit und packten ihre Habseligkeiten in die Kanus, und an einem bestimmten Tag verließen sie ihr Dorf und fuhren ihren breiten Fluss, die Lira, hinauf. Tag für Tag paddelten sie den Strom hinauf, und wir hörten von den Bafanya von ihnen, als sie an ihrem Land vorbeikamen, und die Bafanya hörten von ihnen aus weiter Entfernung – vom nächsten Stamm – den Bamoru – und die Bamoru hörten, wie sie in der Nähe des Berglandes dahinter ankamen.

Was aus Masama und seinem Volk wurde, erfuhren wir erst viel später.

Es hieß, die Balira hätten, als der Fluss seicht und schmal geworden war, ihre Kanus verlassen und über Land zwischen kleinen Hügeln gereist, und nachdem sie sich zwischen ihnen hindurchgewunden hatten, kamen sie an den Fuß des hohen Berges, der wie ein Großvater zwischen den kleineren Bergen aufragt. Sie zogen sich die Hänge des großen Berges hinauf, die Stärkeren und Aktiveren von ihnen voran, und im Laufe der Tage sahen sie, dass die Welt kalt und dunkel war, bis die Sonne sich über dem Rand des großen Berges zeigte, und der Tag angenehmer wurde, denn die Hitze drang ihnen bis ins Mark und ließ ihre Herzen jubeln. Je größer die Hitze wurde, desto sicherer waren sie, dass sie sich der Heimat der Sonne näherten. Und so zogen sie Tag für Tag weiter und weiter, wanden sich an einer Seite des Berges entlang und wandten sich dann wieder dem Wind zu, der noch höher stieg. Mit jedem Tag, während sie sich dem Gipfel näherten, wurde die Hitze immer größer. Zwischen ihnen und der Sonne war jetzt nicht der kleinste Strauch oder das kleinste Blatt, und es wurde so glühend heiß, dass schließlich kein Tropfen Schweiß mehr auf ihren Körpern war. Eines Tages, als keine Wolke am Himmel war und die Welt ganz unter ihnen lag – tief unten wie eine große Büffelhaut –, kam die Sonne wie ein Feuerball über den Rand des Berges, und die, die dem Gipfel am nächsten waren, vertrockneten wie ein Blatt über einer Flamme, und die, die weiter hinten waren, staunten über ihre brennende Kraft und spürten, als sie über ihre Köpfe hinwegsegelte, dass es für sie zu spät war, zu entkommen. Ihre Haut begann zu schrumpfen, zu knistern und abzufallen, und keiner von denen, die hoch oben auf dem

Berghang waren, blieb am Leben. Aber ein paar von denen, die dem Fuß und den Waldgürteln am nächsten waren, schafften es, Schutz zu finden, und sie blieben dort bis zur Nacht und nutzten die Dunkelheit, wenn die Sonne schläft, um aus der Heimat der Sonne zu fliehen. Außer ein paar armen alten Leuten und Kleinkindern war niemand mehr von dem einst so zahlreichen Stamm der Balira übrig.

Das ist meine Geschichte. Wir, die wir am großen Fluss leben, haben uns die Lektion, die das Ende dieses Stammes für uns bedeutet hat, zu Herzen genommen, und sie lautet: Könige, die darauf bestehen, dass ihr Wille befolgt wird, und sich nie darum scheren, sich mit ihrem Volk zu beraten, sind ebenso wenig zu beachten wie Kinder, die über Dinge plappern, die sie nicht verstehen können. Deshalb haben wir in unseren Dörfern viele Älteste, die alle Angelegenheiten vom Häuptling übernehmen und sie in ihren Gedanken durchgehen, und wenn sie sich einig sind, überlassen sie die Ausführung dem Häuptling, der nur so handeln kann, wie die Ältesten es anordnen.

"NONE OF THOSE WHO WERE HIGH UP ON THE MOUNTAIN SIDE WERE LEFT ALIVE."

Kapitel Neunzehn.

Ein gastfreundlicher Gorilla.

„Sir", sagte Baruti, nachdem wir uns alle um das Abendfeuer versammelt hatten und gespannt auf die übliche Geschichte warteten, „Kassims Erzählung über die Stadt der Elefanten und den Frieden, der zwischen den Elefanten und den Bungandu geschlossen wurde, hat mich daran erinnert, was zwischen einem Stamm, der an den Ufern des kleinen Schwarzen Flusses oberhalb des Basoko lebte, und einem Gorilla geschah."

„Wallahi, aber diese Basoko-Jungs schlagen jeden, der Geschichten erzählt", rief ein Sansibar aus. „Ich frage mich allerdings, ob sie sie erfinden oder ob sie sie wirklich von ihren Alten gehört haben, wie sie behaupten."

„Wir haben sie natürlich gehört", antwortete Baruti mit empörtem Blick. „Denn wie konnten Kassim oder ich uns so etwas vorstellen? Ich hörte fast jeden Tag etwas von den Ältesten oder den alten Frauen des Stammes. Meine Mutter erzählte mir auch einiges und mein großer Bruder erzählte mir anderes. In unserem Dorfklatschhaus verging kaum ein Tag, ohne dass wir von seltsamen Dingen hörten, die in alten Zeiten passiert waren. Es ist dieser Brauch, sich um das Feuer des Meisters zu versammeln, und die Legenden, die wir hören, die uns an das erinnern, was wir früher gehört haben, und wenn wir immer wieder darüber nachdenken, kommen die Worte wieder zu uns zurück."

„Aber glauben Sie, dass die Dinge, von denen Sie sprechen, wahr sind?", fragte der Sansibari.

„Stimmt!", wiederholte er. „Wer bin ich, dass ich sagen sollte: Dies ist wahr und jenes ist falsch! Ich wiederhole nur, was meine Vorgesetzten gesagt haben. Ich spreche nicht von dem, was ich gesehen habe, sondern von dem, was ich gehört habe, und die Worte des Meisters an uns waren: ‚Versucht euch zu erinnern, was euch in euren Dörfern von den Alten eures Volkes gesagt wurde, und wenn ihr es mir richtig erzählt, werde ich euch ein schönes Tuch geben.' Nun, wenn unsere alten Männer gut gelaunt waren und ihre langen Pfeifen rauchten und der Krug Wein neben ihnen stand und wir sie baten, uns etwas über die Tage zu erzählen, als sie jung waren, sagten sie: ‚Hört euch das jetzt an' und sie erzählten uns, was vor langer Zeit passiert ist. An die Dinge von vor langer Zeit erinnern wir uns am besten, weil sie so seltsam waren, dass sie sich in unser Gedächtnis einprägten und nicht ganz vergessen werden konnten. Wenn etwas Unangenehmes daran ist, ist es nicht unsere Schuld, denn wir wiederholen nur die Worte, die in unsere Ohren drangen."

„Das reicht, Baruti. Erzähl weiter. Und du, Baraka, lass deine Zunge ruhen“, rief Zaidi.

„Ich habe nur eine Frage gestellt. Wie ungeduldig ihr seid!“

„Nein, das ist bloß Geschwätz – wenn es so weitergeht, werden wir die Geschichte nie erfahren. Hyah! Barikallah! (Beeil dich, in Gottes Namen!) Baruti.“

Nun (begann Baruti), dieser Stamm lebte an den Ufern des Black River, gleich oberhalb der Stadt Basoko, und in jener fernen Vergangenheit wimmelte es in dem dichten Wald um sie herum von vielen monströsen Tieren; großen Affen, Schimpansen, Gorillas und solchen Kreaturen, die man heute nicht mehr oft sieht. Nicht weit vom Dorf entfernt, an einer dunklen Stelle, wo die Äste oben zusammentrafen und einen dichten Schirm bildeten, und der niedrigere Wald ihn ringsum dicht umgab, so dass kaum eine Schildkröte hindurchdringen konnte, lebte der Vater der Gorillas. Er hatte sich in der Astgabel eines der höchsten Bäume niedergelassen, und viele Männer hatten das Nest gesehen, als sie vorbeikamen, aber keiner hatte bisher den Besitzer gesehen.

Doch eines Tages wanderte ein Fischer auf der Suche nach Rattan für seine Netze tief in den Wald hinein und stieß beim Versuch, den Weg nach Hause wiederzufinden, hoch oben auf den Black River. Während er da stand und sich fragte, ob dies der schwarze Fluss sei, der an seinem Dorf vorbeifloss, sah er etwas rechts von sich einen riesigen Gorilla, der aufgrund des langen dunklen Fells auf seiner Brust größer zu sein schien, als er wirklich war. Der Mann begann vor lauter Angst kalt zu schwitzen und seine Knie zitterten so sehr, dass er kaum stehen konnte. Als er jedoch bemerkte, dass der Gorilla sich nicht bewegte, sondern weiter seine Bananen fraß, beruhigte er sich ein wenig und seine Sinne kamen zurück. Er drehte den Kopf herum, um den klarsten Weg zum Laufen zu sehen; doch als er gerade loslaufen wollte, sah er, dass die Augen des Gorillas auf ihn gerichtet waren. Da begann der Gorilla zu sprechen und sagte:

„Komm zu mir und lass mich dich ansehen.“

Die Angst überkam den Fischer erneut, aber er tat, was ihm gesagt wurde, und als er dachte, er sei nahe genug, blieb er stehen.

Dann sagte der Gorilla:

„Wenn du mit mir verwandt bist, bist du vor Schaden sicher; wenn nicht, kommst du nicht durch. Wie viele Finger hast du?“, fragte er.

„Vier“, antwortete der Fischer und hielt eine Hand mit dem Rücken zum Gorilla hoch. Sein Daumen war in die Handfläche gefaltet, so dass ihn das Tier nicht sehen konnte.

„Ja, das stimmt. Du musst ein Verwandter von uns sein, auch wenn dein Fell etwas spärlich ist. Setz dich, nimm deinen Anteil von diesem Essen und iss.“

Der Fischer setzte sich, brach Bananen vom Stiel und aß herzhaft.

„Denk daran“, sagte der Gorilla, „du hast mit mir gegessen. Solltest du auf deinen Wanderungen jemals einem meiner Brüder begegnen, musst du in Erinnerung an diesen Tag freundlich zu ihnen sein. Unser Stamm hat keinen Streit mit einem deiner Stämme, und dein Stamm darf keinen gegen einen meiner Stämme haben. Ich lebe allein weit unten an diesem Fluss, und dein Stamm lebt noch weiter weg. Denk an unser Passwort: ‚ *Tu-wheli, Tu-wheli* ‘. Daran erkennen wir, wer uns freundlich gesinnt ist und wer gegen uns ist.“

Der Fischer brach auf und erreichte zügig sein Dorf sicher. Was er an diesem Tag gesehen und erlebt hatte, behielt er jedoch für sich.

Kurze Zeit später beschloss der Stamm, rund um sein Dorf eine große Jagd zu veranstalten, um die Tiere des Waldes zu verscheuchen; denn in mancher Hinsicht ähneln sie uns. Wenn wir einen Bezirk etwa einen Mond lang ungestört verlassen, denken die Tiere, wir hätten das Land verlassen oder hätten Angst vor ihnen. Die Affen und Elefanten sind in dieser Hinsicht am schlimmsten und gehen immer voran, drängen uns auf den Fersen und schicken oft ihre Späher voraus, um uns zu melden oder uns zu signalisieren, dass wir zu lange verweilen.

Die Leute beluden sich mit ihren großen Netzen und wählten zuerst das Gebiet, in dem der Gorillavater lebte. Sie legten ihre Netze in einem weiten Bereich aus, und dann wurden die Treiber angewiesen, einen großen Bogen zu machen und das ganze Wild in Richtung der Netze zu treiben. Hier und da, wo das Netz schwach war, standen die Jäger hinter einem dichten Busch und hielten ihre schweren Speere zum Wurf bereit.

Nun traf es sich, dass der Vater der Gorillas genau zu dieser Zeit seinen Verwandten eine Rede hielt, und diese erfuhren erst von der Jagd und davon, dass sich viele Männer im Wald befanden, als sie das grauenhafte Geschrei der Treiber, den Klang von Hörnern, das Klirren von Eisen und das Rascheln von Büschen überall hörten.

Der Fischer war wie seine Freunde gut bewaffnet und ebenso jagdfreudig wie die anderen. Doch kurz nachdem er die Schreie der Treiber gehört hatte, sah er einen großen Gorilla aus dem Gebüsch stürmen. Er erkannte ihn sofort als seinen Freund und rief: „ *Tu-wheli! Tu-wheli* !“ Als er das hörte, führte der Gorilla seine Verwandten zu sich und sagte denen hinter ihm Bescheid: „Ah, das ist unser Freund. Tut ihm nichts.“

Die Gorillas zogen in einer langen Reihe mächtiger Kerle dicht am Fischer vorbei, und als sie die Stimme ihres Vaters hörten, flüsterten sie ihm nur zu: „ *Tu-wheli, Tu-wheli* “, doch als letzter kam ein großer Gorilla mit sauertöpfischem Gesicht, der, als er sah, dass der Pass nur von einem Mann bewacht wurde, auf ihn losging. Sein wütendes Brüllen hörte der Vater, und als er sich umdrehte, wusste er, dass sein menschlicher Bruder in Gefahr war, und er rief denen, die ihm am nächsten standen, zu, um sie zu vertreiben: „Der Mann ist unser Bruder“, doch da der wilde Gorilla taub für Worte war, lief der Vater zu ihnen zurück, erschlug ihn und eilte dann davon, als die Jäger näher rückten.

Als diese näher kamen und sahen, dass der Speer des Fischers noch in seiner Hand war und nicht mit Blut befleckt war, wurden sie wütend und einigten sich darauf, dass er keinen Anteil am Fleisch haben sollte. „Denn“, sagten sie, „er muss ein Bündnis gegen uns geschlossen haben.“ Auch von der Beute bekam er keinen Anteil.

Ein paar Tage später durchquerte der Fischer einen Teil des Waldes, als ihm auf dem Weg ein Gorilla begegnete, der sagte:

„Bleib, ich scheine dich zu kennen. Bist du nicht unser Bruder?"

„ *Tu-wheli, Tu-wheli* !", rief er.

„Ah, es ist wahr, folge mir." Und sie gingen zusammen zum Nistbaum des Gorillas, wo der Fischer sich an reifen Bananen, Beeren und Nüssen sowie saftigen Wurzeln labte. Ihm wurde gezeigt, welche Wurzeln und Beeren süß und welche bitter waren. Die Vielfalt der Nahrung, die er sah, war so groß, dass er erkannte, dass ein weiser Mann nicht verhungern muss, auch wenn er sich im Wald verirrt hat.

Als der Fischer in sein Dorf zurückkehrte, rief er die Ältesten zusammen und erzählte seinem Volk die ganze Geschichte seiner Abenteuer. Als die Ältesten hörten, dass die Beeren und Wurzeln, Nüsse und Pilze im Wald, vor denen sie bisher Angst gehabt hatten, süß und gesund waren, riefen sie einstimmig aus, dass die Gorillas sich als wahre Freunde erwiesen und ihnen viel nützliches Wissen vermittelt hätten. Sie einigten sich darauf, dass die Gorillas in Zukunft zu denen gezählt werden sollten, gegen die sie ihre Speere nicht erheben dürften.

Seitdem vermeiden die Stämme am Black River, den Gorillas und allen seinen Artgenossen, ob groß oder klein, Schaden zuzufügen. Auch betritt keiner der Gorillas unbefugt ihre Plantagen und belästigt auch keine Menschen.